安徽大学区域经济与产业发展研究丛书

贸易自由化
对就业的影响研究

单 航 ◎著

Research on the Impact of
Trade Liberalization on Employment

中国财经出版传媒集团

经济科学出版社
Economic Science Press
·北京·

图书在版编目（CIP）数据

贸易自由化对就业的影响研究/单航著．－－北京：
经济科学出版社，2024.6
（安徽大学区域经济与产业发展研究丛书）
ISBN 978－7－5218－5807－5

Ⅰ.①贸⋯　Ⅱ.①单⋯　Ⅲ.①自由贸易（中国）－影响
－就业－研究－中国　Ⅳ.①F72②D669.2

中国国家版本馆 CIP 数据核字（2024）第 075211 号

责任编辑：刘　丽
责任校对：郑淑艳
责任印制：范　艳

贸易自由化对就业的影响研究
MAOYI ZIYOUHUA DUI JIUYE DE YINGXIANG YANJIU

单　航　著
经济科学出版社出版、发行　新华书店经销
社址：北京市海淀区阜成路甲 28 号　邮编：100142
总编部电话：010－88191217　发行部电话：010－88191522
网址：www.esp.com.cn
电子邮箱：esp@esp.com.cn
天猫网店：经济科学出版社旗舰店
网址：http://jjkxcbs.tmall.com
北京季蜂印刷有限公司印装
710×1000　16 开　14.25 印张　220000 字
2024 年 6 月第 1 版　2024 年 6 月第 1 次印刷
ISBN 978－7－5218－5807－5　定价：72.00 元
（图书出现印装问题，本社负责调换。电话：010－88191545）
（版权所有　侵权必究　打击盗版　举报热线：010－88191661
QQ：2242791300　营销中心电话：010－88191537
电子邮箱：dbts@esp.com.cn）

前言

　　受新冠疫情和美国单边主义等多重因素的影响，世界范围内的贸易自由化近几年进展缓慢甚至在部分领域有所逆转。尤其是特朗普政府为了维持美国在国际政治、经济、军事和科技等领域的优势地位，挑起对中国的贸易摩擦。受此影响，中国的外贸环境有所恶化并通过多种渠道对国内劳动力市场造成冲击。再加上新冠疫情等突发因素的叠加影响，国内就业形势日益严峻。在此背景下，本书试图通过研究贸易自由化与就业之间的关系，针对中国目前在就业领域面临的困难，提出相应的政策建议。

　　本书从理论层面分析了贸易自由化对企业劳动力需求、劳动力个体就业和劳动力代际职业流动的影响及其影响机制。随后，利用一系列现实数据，分析了中国的贸易自由化、就业和代际职业流动的现状及特征。结果表明，中国的贸易自由化水平显著提高，尤其是加入世界贸易组织之后，贸易自由化进程明显加快。这主要表现在平均关税水平的下降和参与的区域贸易协定的数量越来越多；中国的就业形势不容乐观，主要表现为就业人数的下降和失业率的上升；中国的代际职业流动难度较大，对就业公平和社会公平造成不利影响。此外，结合贸易自由化数据和就业数据，发现二者之间存在明显的相关性。在此基础上，通过实证研究对理论分析和现状分析的结果进行验证。

　　首先，利用中国工业企业层面的微观数据，从劳动力市场的需求侧出发，实证分析了贸易自由化对企业劳动力需求的影响。实证结果表明，无论是最终品贸易自由化还是中间品贸易自由化都能够显著增加企业对劳动力的需求。机制研究发现，生产率是贸易自由化影响企业劳动力需求的传导机制。具体表现为，贸易自由化有助于提升企业的生产率，而生产率的提升有助于企业扩大生产规模，进而增加对劳动力的投入。

其次，利用中国劳动力个体层面的微观数据，从劳动力市场的供给侧入手，实证分析了贸易自由化对劳动力个体就业的影响。实证结果表明，最终品贸易自由化能够促进劳动力个体的就业，而中间品贸易自由化对劳动力个体就业的影响不显著。通过影响机制检验，发现受教育水平是最终品贸易自由化影响个体就业的传导机制，最终品贸易自由化带来的市场竞争激励劳动力个体提升自身的受教育水平，而受教育水平的提升能够增加劳动力个体实现就业的概率。此外，最终品贸易自由化和中间品贸易自由化对绝大部分职业的工资水平提升有显著的促进作用，而对工作强度的影响则在职业层面存在明显的差异。结合贸易自由化对劳动力市场的需求侧和供给侧的影响，发现贸易自由化能够增加中国的就业人数。

最后，为了揭示贸易自由化在代际层面对就业的动态影响，从代际视角出发，使用个体层面的微观数据，实证分析了贸易自由化对代际职业流动的影响。通过比较子女与父亲的职业，发现最终品贸易自由化对代际职业流动的影响不显著；中间品贸易自由化对代际职业流动和代际职业向上流动具有显著的促进作用，而对代际职业向下流动的影响不稳健；又因为代际职业流动是衡量就业公平和社会公平的重要指标，所以中国推进贸易自由化尤其是中间品贸易自由化有利于促进就业公平和社会公平；同时，通过机制检验，发现中间品贸易自由化对代际职业流动的影响机制主要包括受教育水平、劳动力产业转移、对高技能劳动力的需求和人口迁移。

根据研究结论，本书提出了提高贸易自由化水平、大力发展教育等五条有针对性的政策建议，以缓解中国当前在就业领域面临的困难。

目 录

第一章　绪　论

第一节　研究背景及意义

一、研究背景

2022 年，党的二十大报告指出，实施就业优先战略。就业是最基本的民生。强化就业优先政策，健全就业促进机制，促进高质量充分就业。健全就业公共服务体系，完善重点群体就业支持体系，加强困难群体就业兜底帮扶。统筹城乡就业政策体系，破除妨碍劳动力、人才流动的体制和政策弊端，消除影响平等就业的不合理限制和就业歧视，使人人都有通过勤奋劳动实现自身发展的机会。健全终身职业技能培训制度，推动解决结构性就业矛盾。完善促进创业带动就业的保障制度，支持和规范发展新就业形态。健全劳动法律法规，完善劳动关系协商协调机制，完善劳动者权益保障制度，加强灵活就业和新就业形态劳动者权益保障。

共同富裕是中国特色社会主义的本质要求。共同富裕的主要表现之一是收入差距的缩小，因而现阶段的工作重点在于如何提升普通劳动者的收入。就业作为劳动者获取收入的主要来源，在实现共同富裕的进程中至关重要。受国内和国际多重不确定因素影响，我国的宏观经济仍面临下行压力，这种下行压力的表现之一是严峻的就业形势，尤其是青年失业率居高不下。国家统计局数据显示，2023 年 4 月，全国城镇调查失业率为 5.2%，比上月下降 0.1 个百分点，但 16～24 岁青年失业率高达 20.4%，如何稳就业已经成为当前我国经济工作的重点任务。劳动力个体就业不仅关乎其自身的生存和发展，更关系到共同富裕的实现和国家的长治久安。

历史经验表明，中国的就业增长离不开对外开放。改革开放以来，中国积极融入经济全球化，广泛参与全球价值链分工，国际贸易和外商直接投资迅速增长。2001 年 12 月 11 日，中国正式成为世界贸易组织成员。为了兑现"入世"承诺，中国大幅削减了进口关税，平均关税水平从 2001 年的 16.24% 下降到 2021 年的 9.13%，① 中国的贸易自由化水平明显提升。国家统计局数据显示，贸易自由化水平的提升促进了中国对外贸易的增长，中国的进出口总额从 2001 年的 42183.62 亿元增加到 2022 年的 418011.60亿元，增长了将近 10 倍。对外贸易不仅拉动了中国的经济增长，也深刻影响着中国的劳动力市场，带来大量的就业岗位。在平均关税水平下降幅度最大的 2001—2005 年，平均关税水平与就业人数呈显著负相关。2005 年之后，平均关税水平维持在 9%～10% 的区间内，但由于关税的影响存在时滞，贸易自由化与就业之间仍然存在相关性。

当前，世界正处于百年未有之大变局，国内和国际环境面临深刻变化，这些变化对中国的政治、经济、社会民生等各个领域带来了深远影响。尤其是 2020 年以来，国内和国际多重因素对中国的贸易和就业造成严重冲击，给中国的经济发展和人民生活带来十分不利的影响。

国内方面，突如其来的新冠疫情，打破了正常的经济秩序。2020 年春节期间，全国各地大部分企业停工停产，人员流动受到严格限制，物流运输也不通畅。一些企业为了生存，选择裁员以降低经营成本。国家统计局数据显示，2020 年 1～10 月，工业企业平均用工人数累计下降 3.1%。企业用工人数下降必然会导致失业率上升。2020 年 1 月中国的城镇调查失业率是 5.3%，2 月受疫情影响激增至 6.2%。此后，随着国内疫情好转和疫情防控措施逐渐放松，经济生产和人民生活逐步回归正常，失业率也有所下降，但始终保持在 5.5% 以上。直到 2020 年 9 月，城镇调查失业率才下降到 5.5% 以下。而在 2019 年同期，城镇调查失业率一直保持在 5.5% 以下。

---

① 根据世界银行 WITS 数据库和 WTO 关税数据库计算得出。

2021 年前三个月的城镇调查失业率分别是 5.4%、5.5% 和 5.3%。通过比较失业率，可以明显感受到疫情对我国的就业所带来的冲击。2023 年，总体失业率有所下降，11 月下降至 5.0%，但不同年龄之间出现严重分化，青年失业率居高不下，灵活就业人数激增，整体就业形势仍然不容乐观。

当前，中国在就业领域还存在很多问题，例如，部分岗位工资低、就业质量不高。毫无疑问，疫情将会扩大这一群体的数量。为了促进就业，增加人们的收入，政府开始鼓励"地摊经济"，这也从侧面反映出当前中国在就业领域面临的挑战。

国际方面，特朗普上台后，美国加强了对中国的遏制力度，在经济领域施压中国、在政治同盟上挤压中国、在军事领域挑战中国、在地缘政治上围堵中国、在文化领域渗透中国（陈继勇，2018）。在经贸领域，美国奉行"美国优先"政策，对外频繁实施贸易保护，尤其是针对中国。2017 年 8 月，美国贸易代表办公室（USTR）对中国发起"301 调查"，中美贸易摩擦日益增多。2018 年 7 月 6 日，美国对 340 亿美元的中国商品加征 25% 的关税，中国政府依据对等反击的原则，也对同等数额的美国商品加征相同的关税。① 此后，中美贸易摩擦迅速升级，加征关税的范围不断扩大，而关税也已成为美国实施贸易保护的主要工具。2020 年以来，美国对中国的打压并没有停止，频频对以华为为代表的中国企业发起制裁，限制部分商品的贸易和技术授权，对相关产业造成严重冲击，对中国的贸易自由化进程造成严重破坏。部分企业为了规避中美贸易摩擦的影响，将工厂从中国转移到东南亚和印度。以越南为例，根据联合国贸易和发展会议（UNCTAD）提供的数据，越南利用外商直接投资的规模从 2016 年的 126 亿美元增加到 2019 年的 161 亿美元，四年时间增长了 28%；越南的出口额从 2016 年的 1766 亿美元增加到 2019 年的 2643 亿美元，四年时间增长了 50%。从时间上看，越南的出口和利用外资规模的飞速增长与中美之间贸易摩擦升级的时间相吻合。因此，我们有理由认为，越南等国是中美贸易摩擦的受益者。随之转移的，还有相关企业的工作岗位，这势必会减少中国的就业机会。

同样是受美国阻挠，WTO 的改革已经陷入停滞，WTO 上诉机构也由于

---

① 美国贸易代表办公室和中国商务部。

美国 29 次动用一票否决权，于 2019 年 12 月 11 日正式陷入瘫痪状态。各国为了进一步推动贸易自由化，促进本国的经济增长，签署了一批双边贸易协定和区域贸易协定，在特定区域内实现了贸易自由化，例如美墨加贸易协定（USMCA）、全面与进步跨太平洋伙伴关系协定（CPTPP）、日欧经济伙伴协定（EPA）和日美贸易协定等。中国参与的区域全面经济伙伴关系协定（RCEP）于 2020 年 11 月 15 日正式签署；历时七年的中欧投资协定于 2020 年 12 月 30 日完成谈判。2022 年 1 月 1 日正式生效。目前，美国、日本和欧盟作为世界上最重要的几个经济体，彼此之间的贸易协定已经签署或接近签署。美国正试图通过与欧盟和日本之间的区域贸易协定来替代 WTO 在国际贸易中的地位，以巩固以美国为首的发达国家在国际经济领域的主导地位。中国作为全球第二大经济体和最大的发展中国家，目前只与日本通过 RCEP 间接实现了大部分商品的自由贸易，尚未与美国和欧盟签署区域贸易协定。这将导致中国商品在进入这些市场时，面临比贸易协定成员更高的贸易壁垒，以致中国商品丧失部分竞争优势，给相关企业和从业人员带来不利影响。

后疫情时代，全球经济仍未衰退。在经济全球化的今天，任何国家都很难独善其身。国外经济不景气通过贸易和跨国投资等渠道传导到国内，给中国的对外贸易造成冲击。在全球疫情结束之后，这一影响并未消失，反而愈演愈烈。根据国家统计局的数据，2020 年 1~5 月，中国进出口总额同比减少 9.3%，其中，出口减少 7.7%，进口减少 8.2%。自 2020 年 6 月起，随着欧洲疫情的缓解，中国的外贸形势逐步好转，月度进出口总值和出口的同比增长率开始由负转正，但进口与 2019 年同期相比仍然呈下降状态。2020 年 1~10 月，中国进出口总值同比下降 0.8%，出口增长 0.5%，进口下降 2.3%。2023 年，外贸恢复不及预期，1~10 月，进出口同比下降 6%，其中出口下降 5.6%，进口下降 6.5%。外贸订单减少导致中国部分外贸企业倒闭。受国外疫情影响的远不止外贸企业，凡是与国外有关联的行业都会受到冲击，例如旅游业，这些行业的从业人员也面临失业的风险。

当前，中国严峻的就业形势不仅体现在就业数量上，也体现在就业歧视（如性别差异）、就业结构、就业质量、工资水平差异以及代际的就业流动方面。

除了一般的就业问题，同一家庭不同代际的职业变化同样是一个值得关注的问题，代际职业流动是指劳动者两代（或多代）之间的职业类别和职业层次的变动。在社会学领域，通常把代际职业流动作为研究社会结构变迁的风向标，也是研究社会公平性和开放性的衡量指标。现有的研究表明，贸易自由化引致的就业效应，可能会给代际的职业流动带来更多机会。

综上所述，就业作为中国最大的民生问题，受到各级政府的高度关注。中国实施的各项就业政策，也取得了显著的成就。当前，复杂的国内和国际环境给中国经济带来很大的不确定性，导致就业形势不容乐观，就业公平也面临一系列挑战，增加就业的关键在于保持经济持续增长，而贸易作为经济增长的重要引擎，在促进就业方面扮演着重要角色。为了应对当前的局势，中央提出，要逐步形成以国内大循环为主体，国内国际双循环相互促进的新发展格局。虽然双循环格局的主体是国内大循环，但国际循环仍然是不可或缺的组成部分。为了充分利用国际资源，缓解国内的就业压力、提升就业质量和促进就业公平，亟须用中国的数据深入研究贸易自由化与就业之间的关系。

二、研究意义

本书在既有研究的基础上探讨贸易自由化对中国就业的影响，具有重要的理论意义和现实意义。

（一）理论意义

首先，现有的国际贸易理论多从国家和企业的视角，分析贸易自由化对就业的影响（例如 H－O－S 理论），而劳动者的个体因素却很少被提及。本书在借鉴现有理论的基础上，尝试将劳动力个体因素纳入分析框架，探究贸易自由化在个体层面如何影响就业，对现有理论进行拓展和补充。其次，目前比较流行的国际贸易理论是以发达经济体的对外贸易为基础发展起来的，所以在研究发展中经济体尤其是中国的某些经济现象时，传统的国际贸易理论可能难以解释。本书在建模时紧扣中国的实际经济情况，在传统国际贸易理论基础上添加中国的基本特征，以期能对中国的经济问题进行更精确的解释。

（二）现实意义

当前中国和美国之间的贸易摩擦加剧，导致贸易政策的不确定性不断增强。中国为了维护本国的利益，基于对等反制的原则，对美国出口到中国的商品加征关税，而美国除了对中国商品加征关税，还频繁限制其高科技产品和中间投入品出口到中国。两国之间的贸易摩擦导致贸易自由化进程出现了局部逆转，并可能给两国的就业市场带来负向冲击。因此，我们亟须明确贸易自由化对中国劳动力市场的影响，这有助于中国在面临不确定环境时，能够适时调整贸易、外交、就业等政策，从而保持我国的经济稳定和劳动力市场的平稳运行。

贸易自由化主要从两个渠道影响普通民众，一个是就业，另一个是消费。居民通过就业获得收入，然后根据自身的需求进行消费，而旺盛的国内消费正是国内大循环顺利运行的基础。再者，贸易自由化通过影响国际贸易来影响国际循环。因此，贸易自由化与国内大循环和国际循环都有着十分紧密的联系。厘清贸易自由化与就业之间的关系，不仅有利于政府通过制定有针对性的贸易政策促进国内就业，进而拉动国内消费，充分发挥国内大循环的主体优势，也有利于实现国内大循环和国际循环的相互促进，充分利用两个市场、两种资源，实现可持续发展。

公平是社会主义核心价值观的重要内容，其中就包括就业公平。目前关于贸易自由化与就业公平的研究还比较少，且集中在贸易自由化与就业性别差异的视角，对代际职业流动的关注不够。但是，就业公平却是经济社会中普遍存在的问题，关乎中国的社会公平和稳定。由于居民主要通过就业获取收入，因而就业公平也会影响中国的收入差距。本书从代际职业流动的视角分析了贸易自由化对代际就业的动态影响，而代际职业流动是研究社会公平的重要指标。因此，研究贸易自由化对代际职业流动的影响有利于政府在制定贸易政策保障就业数量的同时，能够兼顾就业公平，从而使我国的收入差距保持在合理的范围内。

第二节　文 献 综 述

一、贸易自由化对就业的影响

第二次世界大战以后，以关税削减为代表的贸易自由化极大地促进了国际贸易的发展，而国际贸易的发展给各国的政治、经济、社会发展带来了深刻变化。就业作为关乎国计民生的大问题，也深受贸易自由化和国际贸易的影响。由于贸易自由化需要通过影响国际贸易进而影响就业，所以将国际贸易和贸易自由化影响就业的文献一并进行梳理。

（一）国际贸易对就业水平的影响

在理论研究方面，要素禀赋理论指出，比较优势源于各国的要素禀赋。因此，国与国之间的贸易会造成产品生产过程中劳动力、资本、土地等生产要素的投入比例发生改变，导致不同国家对劳动力的需求发生变化（Jones，1956；Deardorff，1982；Bergstrand，1990）。凯恩斯的对外贸易乘数效应理论认为，对外贸易有助于提高国内的就业水平（Keynes，1937）。比恩等（Bean et al.，1986）将贸易需求预期纳入宏观经济模型中，从而分析贸易对失业的影响。格里纳韦等（Greenaway et al.，1999）同样是以面板数据为基础研究国际贸易对英国劳动力市场的影响，霍克曼和温特斯（Hoekman & Winters，2005）则认为，国际贸易在短期内会导致劳动力的跨部门转移，但从长期来看，贸易能够增加一国的就业岗位。

但是，赫尔普曼等（Helpman et al.，2010）通过构建筛选 - 匹配模型，对出口的正向就业效应这一结论提出了质疑。他们指出，随着出口规模的扩大，企业雇用劳动力的进入"门槛"也必然是水涨船高，而劳动者提升技能需要一段时间，并不是一蹴而就，因而必然导致就业水平暂时降低。在此基础上，格鲁斯曼等（Grossman et al.，2017）对筛选 - 匹配模型进一步完善，并运用参数估计和数值模拟这两种方法对改进以后的模型结果进行验证。与菲利普斯曲线相比，筛选－匹配模型由于借鉴了新—新贸易理论中异质性企业的思想，所以它的演化路径更加贴近企业的真实行为。

国外学者从实证分析的视角，研究了贸易对就业水平的影响。大量文献以发展中国家的数据为基础进行实证研究，研究结果支持了 H－O 理论。例如，克鲁格（Krueger，1978）基于 10 个发展中经济体的贸易数据，研究发现出口导向型政策可以充分发挥发展中经济体的劳动力优势，扩大劳动密集型产品的生产规模与出口，从而为发展中经济体提供更多就业机会；詹金斯（Jenkins，2004）发现，20 世纪 90 年代初越南的出口扩张明显增加了越南的国内就业。但是，针对发达经济体的研究成果却存在争议。费尼等（Faini et al.，1999）通过分析意大利的劳动力市场，发现出口价格的下降能够显著增加企业对劳动力的需求。但格里纳韦等（Greenaway et al.，1999）基于英国的贸易数据，指出国际贸易能够提高英国的生产效率，而高关税会降低企业对劳动力的需求，且来自外国商品的竞争会造成失业率在短期内上升。芬斯特拉等（Feenstra et al.，2019）则指出，出口规模的扩大能够给美国带来大量就业机会。奥特尔等（Autor et al.，2013）发现来自中国的进口导致美国进口竞争行业的失业率上升、劳动参与率和工资水平下降。普拉丹（Pradhan，2006）利用印度的数据研究了贸易、外商直接投资、技术转让对就业的影响。研究表明，贸易促进了妇女和非熟练工人的就业，但对正规就业没有显著的影响。

国内方面，杨玉华（2006）实证分析了中国的进出口与就业的关系，发现相比进口，出口对就业的拉动作用更为显著，且出口对就业的正向影响会随着贸易自由化水平的提升而增强，相应地，进口对就业的负向影响也开始显现。毛日昇（2009）从制造业的视角出发，分析了出口对中国就业的影响，指出出口通过扩大生产规模进而增加制造业企业的员工数量。卫瑞和庄宗明（2015）发现就业增长的主要影响因素是产出扩大，尤其是出口扩张。张华初和李永杰（2004）研究了中国的加工贸易对就业的影响，他们认为加工贸易对就业水平的提升和就业质量的改善都具有显著的促进作用。蒋荷新（2007）运用外商投资企业的微观数据，考察了中国的进口贸易对就业的影响，结果表明中国出口规模的扩大有利于提升就业水平，其中外资企业对就业的贡献最大。邵敏和包群（2011）通过研究企业从外销向内销的转变来探析贸易对企业劳动力需求的影响，结果显示出口贸易确实有利于增加企业对劳动力的需求。综上可知，国内学者关于我国的贸易与就业之间关系的看法是一致的，即国际贸易尤其是出口贸易对就业有促进作用。关于进口对国内就业的影响，学者们的观点并不一致。除了前面提到的进口对就业的负向影响，也有学者认为进口可以促进中国的就业。魏浩和连慧君（2020）基于中国企业层面的微观数据，指出来自美国商品的竞争总体上有利于扩大中国制造业企业的就业规模，其影响机制是企业创新和价格加成。梁平等（2008）则认为进口对中国就业的影响在地区层面存在异质性。

综合以上研究可以发现，学者们普遍认为，出口对就业具有积极的促进作用，而关于进口对就业的影响，目前学界并未达成一致的观点。

（二）贸易自由化对就业水平的影响

贸易自由化分为出口贸易自由化和进口贸易自由化，相较于出口贸易自由化，进口贸易自由化与就业之间的关系具有很大不确定性。一方面，进口关税尤其是中间品进口关税意味着生产企业可以用更低的价格购买中间投入品，从而降低企业的生产成本并扩大盈利空间（Loecker et al.，2016）；另一方面，进口竞争的增加可能导致贸易行业的工人失业，也可能通过需求效应间接地影响非贸易行业的工人（Acemoglu et al.，2016）。

根据研究视角的不同，将相关文献分为四类，即宏观层面、中观层面（行业层面）、微观企业层面和微观个体层面。

1. 宏观层面

汉弗莱等（Humphrey et al.，2004）通过分析肯尼亚的就业数据和蔬菜出口数据，发现随着贸易自由化水平的提升，蔬菜出口增长引致的就业增加要大于生产转移带来的就业岗位减少。米尔纳和赖特（Milner & Wright，1998）基于毛里求斯的数据，发现从长期来看，贸易自由化水平的提升对出口部门的就业有促进作用，而对进口部门的就业则存在一定程度的抑制作用。哈默梅什和比德尔（Hamermesh & Biddle，1993）以劳动力需求弹性为研究视角来分析贸易自由化与就业之间的关系，他们认为贸易自由化主要通过两个渠道影响就业，一个是替代效应，另一个是规模效应。周申

（2006）运用中国的数据得出了相同的结论。

霍克曼和温特斯（2005）区分了长期劳动力市场效应和短期劳动力市场效应，发现在长期增长模型中，总就业是由劳动力、宏观经济变量和劳动力市场制度的增长决定的，而贸易自由化则根本不起作用或者说是微弱的积极作用。外部或国内冲击会破坏劳动力市场并导致失业，但是一段时间之后，劳动力市场通常会恢复长期就业平衡。达特等（Dutt et al.，2009）发现失业对贸易自由化的短期和长期响应能力存在显著差异。在考虑永久性贸易自由化时，他们发现短期内失业率立即上升，长期来看，这种上升的趋势会得到逆转，失业率最终下降。王孝松等（2020）为了分析就业与贸易自由化二者之间的关系，构建了一个一般均衡模型，该模型包含了中间品贸易、最终品贸易、行业异质性和投入产出关系。反事实模拟结果表明，出口增长有力地推动了我国的就业，是提升我国就业水平的重要途径；美国对华制造业关税下降对我国就业水平的影响十分有限。

2. 中观层面

现有文献的重点集中在制造业，学者们普遍认为贸易自由化将导致劳动力在制造业内部不同行业之间的再配置（陆文聪和李元龙，2011）。俞会新和薛敬孝（2002）基于中国工业企业的就业数据，检验了贸易自由化与就业之间的关系，结果表明，贸易自由化对工业就业的增加有促进作用。从服务业来看，贸易自由化水平的提升有利于本国的经济增长，而经济增长对服务业就业具有显著的促进作用（Mitra，2009；罗知，2011）。杨玉华（2008）指出，农产品贸易通过劳动力转移来影响农村地区的就业。波拉提和乌苏路（Polat & Uslu，2011）利用土耳其的动态面板数据进行实证研究，结果表明当期的贸易自由化水平对就业的影响并不显著，但滞后期的贸易自由化水平却会显著影响当期的就业。

3. 微观企业层面

穆勒希（Mouelhi，2013）发现贸易自由化对专注于国际市场的企业的就业具有正向影响，而对专注于国内市场的企业就业的影响显著为负。毛其淋和许家云（2016）将中国2001年加入世界贸易组织作为一个准自然实验，发现中间品贸易自由化对企业就业具有显著的正向影响。刘志成和刘斌（2014）利用企业层面的微观数据实证分析了全要素生产率在贸易自由化影响企业就业过程中所起的作用。研究发现，全要素生产率的提高能够增强贸易自由化对劳动密集型企业就业的影响，资本密集型企业则刚好相反。席艳乐和王开玉（2015）指出，贸易自由化对不同生产率企业的就业变动的影响存在显著差异。具体而言，贸易自由化会导致低生产率企业的就业人数减少，而对高生产率企业的就业规模则有明显的促进作用。

基恩和许（Kien & Heo，2009）基于越南的数据，运用广义矩估计（GMM）方法，考察了贸易自由化与就业之间的关系。研究结果表明，出口强度的提升将促使制造业企业增加对劳动力的需求，但进口强度对就业却不具有显著的影响。凯勒（Keller，2010）、唐时达和刘瑶（2012）的研究结果均表明，对外开放度与企业的就业结构和就业变动都存在较强的相关性，并且中间品贸易自由化的作用更大，权家敏和强永昌（2016）利用中国制造业企业的非平衡面板数据检验了贸易自由化对就业的影响。回归结果显示，进口渗透率的提升一方面会增加出口企业的就业规模，另一方面则会抑制非出口企业的就业；与之相反，出口渗透率在促进出口企业就业增长的同时，并不会对非出口企业的就业产生抑制效果。李胜旗和毛其淋（2018）认为，外部环境不确定性下降对于企业的就业规模具有促进作用，且这一促进作用会随着时间的推移而日渐增强。史青和赵跃叶（2020）通过测算企业嵌入全球价值链程度，从增加值贸易视角重新探讨中国企业出口的就业效应。研究发现，与传统关境统计方法下的贸易总量相比，企业全球价值链（GVC）嵌入度的提升对企业就业规模的正向影响更大，而对就业结构的不利影响更小。

4. 微观个体层面

部分学者分析了个体的技能结构，结果显示，贸易自由化不但会对企业的就业变动产生影响，而且有助于降低个体面临的就业风险，并增加对高素质劳动力的需求（魏浩，2013；席艳乐和陈小鸿，2014）。厄尔滕等（Erten et al.，2019）使用个体数据考察了贸易自由化对南非劳动力市场的影响，结果表明，贸易自由化水平的提高对贸易部门的正规就业和非正规就业都将产生不利影响。

然而，也有研究表明就业并不会受到贸易自由化的影响。部分学者考察了发展中国家的就业和贸易数据，发现贸易自由化对大多数发展中国家的就业水平都没有产生实质性影响（Turrini，2002）。针对这一现象，学者们给出了两种解释。一种观点认为，贸易自由化不只是影响劳动力的跨部门转移，也会影响投入要素的使用效率，二者共同组成贸易自由化对就业的净效应；另一种观点则认为，这些研究所使用的中观行业就业数据掩盖了微观企业就业人数的变动，从而导致了这一结果。

现有研究从宏观层面、中观层面、微观企业层面和微观个体层面四个维度分析了贸易自由化对就业的影响，但是目前尚未得出一致的结论。相较于其他三个维度，个体层面的研究相对较少。

（三）贸易自由化对就业的影响路径

一些学者认为，国际贸易通过影响劳动需求弹性来影响就业。罗德里克（Rodrik，1998）认为，进出口贸易即使不能显著影响劳动力价格或劳动需求量，但仍可以通过影响劳动需求弹性进而对就业市场产生作用。因而进出口贸易对劳动力市场的影响更多地体现为劳动需求弹性的改变而非劳动价格的变动（周申，2006）。牛蕊（2009）梳理了国际贸易影响就业的三种途径，即要素含量、劳动力需求弹性和技术创新。李娟和万璐（2014）利用1998—2007年中国工业企业的微观数据，检验贸易开放对劳动需求弹性的影响。研究结果表明，一方面贸易开放将使中国劳动需求更富有弹性，导致劳动力市场波动加剧；另一方面，贸易主要通过扩大劳动力与其他要素的替代效应来提高劳动弹性。

也有学者从生产率的视角研究贸易自由化对就业的影响。伯纳德等（Bernard et al.，2003；2007）认为，最终品贸易自由化会迫使低生产率企业退出市场，从而对就业产生抑制作用。洛佩斯和余（Lopez & Yu，2017）认为，尽管贸易自由化会抑制低生产率企业的就业规模，但是高生产率企业却会从中受益，二者的净效应是负的。喻美辞（2009）则认为进口贸易可以通过技术溢出效应来增加就业。

现有文献认为，贸易自由化对就业的影响渠道主要包括劳动力需求弹性、生产率和技术溢出等。这几个影响机制主要表现在宏观、中观和微观企业方面，目前基于微观个体层面影响机制的研究较少。

（四）贸易自由化与就业结构

就业结构是指企业工人中技术工人所占的比例，参与出口的企业为提升竞争力进而更好地应对海外竞争，往往会提高技术工人的雇用规模（Tybout，2003）。叶普勒（Yeaple，2005）的研究表明，出口型企业为了应对国际市场竞争，对高技能劳动力的需求通常比非出口企业大。穆勒希（2007）基于突尼斯的数据，指出贸易自由化会优化出口型企业的就业结构，同时也会给内销型企业的就业结构带来负面冲击。科斯坦蒂尼和梅利茨（Costantini & Melitz，2008）、科斯蒂诺和沃格尔（Costinot & Vogel，2010）等的研究结果也支持了这一观点。唐时达和刘瑶（2012）的研究结果表明，贸易自由化水平和劳动力流动自由程度的提高对中国就业结构调整都具有促进作用，但这种影响具有区域差异。刘睿雯等（2020）考察了贸易自由化对我国就业结构变迁的影响，研究结果显示，中间品贸易自由化导致1998—2007年5.32%的国企员工流向非国有企业。然而，也有学者提出相反的观点（Burstein & Vogel，2010），有研究表明，出口对中国的就业结构没有影响（唐东波，2011）甚至是负面影响（史青和李平，2014）。

关于贸易自由化对就业结构的影响机制，刘庆林和黄震鳞（2020）认为，一方面，中间品贸易自由化通过成本节约效应、要素替代效应、技术促进效应影响一个国家的就业结构，具体表现在贸易自由化对不同技能程度劳动力个体就业的影响；另一方面，中间品贸易自由化也可能会招致技术溢出效应减弱，挤压国内就业及对进口中间品过分依赖等不利影响，从而对我国制造业就业产生不利影响。马光明和刘春生（2016）指出，代表低端劳动密集型的加工贸易比重与当地制造业就业占比呈显著正相关，其影响机制是制造业。另外，加工贸易的比重也会影响当地的就业结构。

综上所述，贸易自由化对就业结构的影响主要体现在劳动力在部门间的转移，影响机制包括成本节约效应、要素替代效应和加工贸易比例等。由于部门之间在吸纳就业方面存在异质性，所以就业结构的调整自然也会影响到国内整体的就业水平。

（五）贸易自由化对非正规就业的影响

根据是否签订劳动合同，可以把就业分为正规就业和非正规就业。现有文献除研究贸易自由化对正规就业的影响外，也研究了贸易自由化对非正规就业的影响。李金昌等（2014）认为，贸易自由化是促进非正规就业的关键因素，且进口贸易比出口贸易的作用更大。周申和何冰（2017）以中国加入 WTO 为研究视角，考察了贸易自由化对劳动力个体就业选择的影响。实证结果显示，最终品贸易自由化能够有效增加劳动力个体从事非正规就业的可能性。何冰和周申（2019）认为，无论是最终品贸易自由化还是中间品贸易自由化，都能够扩大非正规就业的规模。胡翠等（2019）遵循有效工资的思想，构建了一个局部均衡模型，用于解释贸易自由化对非正规就业比重的影响机制，并预测贸易自由化对非正规就业占比有正向影响。实证结果显示，贸易自由化对劳动力个体实现非正规就业具有促进作用，且进口贸易自由化的作用更为显著。菲略和穆恩德勒（Filho & Muendler, 2011）匹配了 1986—2001 年巴西的雇主—雇员数据用于检验贸易自由化对就业的影响，结果表明，最终品贸易自由化使得巴西非正规就业人数增加。在控制了工人个体固定效应之后发现，贸易自由化导致正规就业比重下降。

综上所述，贸易自由化对正规就业具有一定程度的不利影响，导致劳动力从正规就业向非正规就业转移。

（六）贸易自由化与就业性别差异

性别平等一直是国际社会广泛关注的问题，相应地，贸易自由化与就业性别差异之间的关系也是国际贸易领域的一个热点问题。伍德（Wood, 1991）分析了 25 个国家的样本，发现 H-O-S 定理在发展中经济体是成立的，即受惠于"南北贸易"的发展，发展中经济体制造业行业对女性劳动力的需求明显扩大。斯坦丁（Standing, 1999）也得出了类似的结论。帕皮拉基斯等（Papyrakis et al., 2012）对发达国家的研究发现，贸易自由化对女性就业的影响存在异质性，主要表现在行业层面。具体而言，贸易自由化有利于扩大第二产业的女性就业，对第一产业的女性就业具有负面影响，而贸易自由化对第三产业女性就业的影响目前尚不明确。

国内的相关研究并没有得出一致的结论。樊娜娜和李荣林（2017）利用中国的微观数据，实证分析了贸易自由化对企业性别就业差异的影响，发现中间品贸易自由化扩大了企业性别就业差距，而最终品贸易自由化则会降低男女之间在劳动力市场上的差异。陈昊和刘骞文（2014）基于企业层面的微观数据，发现贸易自由化对女性就业造成负面冲击。席艳乐等（2014）指出，无论是中间投入品贸易还是最终品贸易对男性就业的促进作用都要大于女性。李冰晖和唐宜红（2017）基于中国的微观数据，发现资本品贸易一方面能够显著缩小低技能劳动力之间的性别就业与工资差距，另一方面对高技能劳动力之间的性别就业差距带来不利影响。

已有研究表明，贸易自由化对就业的影响在性别层面存在异质性，且贸易自由化对女性就业和工资的影响仍然存在争议。

二、贸易自由化与代际职业流动

（一）中国代际职业流动的发展趋势

代际职业流动不仅体现出就业在代际层面的动态变化，更是关乎就业公平和社会公平重要表现，因而近年来受到学者们的广泛关注。一些学者研究了中国代际职业流动的趋势，但由于数据样本的差异，现有文献的研究结论并不一致。褚翠翠和孙旭（2019）利用中国综合社会调查2003—2015年的微观数据，运用消除误差比例法等模型，考察近年来中国代际职业流动的趋势并探索教育对这一趋势变动的影响。研究结果表明，近40年来中国代际职业流动性呈波浪式发展。其中，20世纪70年代职业的代际流动性最高，80年代职业的代际流动性最低，90年代的流动性介于两者之间。李路路和朱斌（2015）也得出了波浪式发展的结论。他们对2005年、2006年和2008年的中国综合社会调查（CGSS）数据进行分析发现，与过去相比，当前的社会开放性水平明显提升。朱晨（2017）基于我国的人口普查数据，发现与20世纪50年代出生的人相比，"60后"劳动者的代际职业向上流动的概率更高。这意味着中国不同代际职业的流动性不断增强，职业代际传承的现象逐渐减少。

也有研究认为，当前中国的代际职业流动有下降趋势。张翼（2004）基于中国的人口迁移数据，发现在20世纪八九十年代以及20世纪末，随着中国市场化程度的提升，父亲的职业背景对子女职业选择的影响越来越大。邢春冰（2006）通过分析中国健康与营养调查（CHNS）数据，发现20世纪末期中国农村地区非农就业机会的代际相关性有减弱的趋势。但1997年和2000年的代际相关性要高于较早的年份。郝大海和王卫东（2009）基于2003年的CGSS数据，发现从20世纪60年代中期至改革开放初期，父代的职业背景对子女职业选择的影响呈上升趋势，在80年代开始有所下降，但影响强度比80年代以前更大。

因此，目前关于中国代际职业流动趋势的判断主要有两种，一种认为是波浪式发展，另一种则认为中国的代际职业流动呈下降趋势。

（二）代际职业流动的影响因素

教育作为影响代际职业流动的因素，广受学者们关注（褚翠翠和孙旭，2019；王卫东等，2020）。卢盛峰等（2015）进一步指出，如果本村/居委会有初中、高中以及职业学校，那么村民/居民有更大概率获得比父辈更好的职业。鲁伊斯（Ruiz，2016）、阳义南和连玉君（2015）、王学龙和袁易明（2015）等的研究也证实了教育对代际职业流动的影响。但是，也有人对这一观点提出质疑。杨中超（2016）利用中国社会综合调查数据，以1978年以后参加工作的个体为研究对象，考察高校扩招与代际职业流动之间的关系，发现二者之间并不存在显著的相关性。贝尔等（Bell et al.，2018）利用英格兰和威尔士的数据，同样证实了教育提升在代际职业流动中所起的积极作用。米内洛和布洛斯菲尔德（Minello & Blossfeld，2014）利用德国的数据也得出了同样的结论。

性别、文化、户籍制度等因素也是学者们关注的重点。纪斑和梁琳（2020）指出，尽管总体上中国的代际职业继承性较强，但是两性代际职业流动模式存在差异，男性的平均继承性更高；当父亲位于低职业地位时，男性比女性更易摆脱其低阶层的家庭背景。艾弗森等（Iversen et al.，2016）发现印度的代际职业流动与种姓之间存在相关性，不同种姓之间，代际职业流动程度也存在明显差异。埃姆兰和希尔皮（Emran & Shilpi，2011）指出了文化传承在代际职业流动中所起的作用，他们利用尼泊尔的数据，证明传统社会的文化传承与母女之间代际职业流动存在因果关系。孙凤（2006）、郭丛斌和丁小浩（2004）指出，中国的城乡二元结构对代际职业流动具有一定程度的抑制作用。吴晓刚（2007）发现中国农村居民的代际流动率比城镇居民高，这与中国的户籍制度密切相关。吴和特里曼（Wu & Treiman，2007）也同样认为户籍制度是造成中国农村地区和城镇地区代际职业流动存在差异的主要原因。

综上可知，现有文献认为，影响代际职业流动的因素包括教育、性别、文化传统和户籍制度等，其中既有个体因素的影响，也包括制度层面和文化层面的影响。

（三）贸易自由化对代际职业流动的影响

目前，关于贸易自由化与代际职业流动的文献很少。阿赫桑和查特吉（Ahsan & Chatterjee，2017）利用高度细化的职业数据来研究贸易自由化对印度城市中代际职业流动的影响。他们发现，生活在贸易自由化程度较高的印度城市地区的儿子比他们的父亲有更多的机会从事更好的职业。对高技术劳动力的相对需求提升了代际职业流动性。另外，仅增加教育投资，并不一定会促进两代人之间的职业流动；相反，只有在高技能职业的就业份额足够高的城市地区这么做才有效。纪斑等（2020）借鉴了阿赫桑和查特吉（2017）的分析思路，利用中国的人口普查数据，采用倍差法检验了贸易开放与代际职业流动之间的关系。结果显示，贸易越开放的地区，代际的职业流动性越强，且向上流动的可能性要高于向下流动的可能性；贸易自由化对代际职业流动的影响机制有两个，分别是企业对高技能劳动力的需求和人口迁移，教育投资在其中的作用反而不明显。但是，这篇文献的问题在于，他们使用的是 2000 年和 2005 年的数据。2001 年 12 月中国正式加入 WTO，距离 2005 年只有四年左右的时间。一方面，在如此短的时间内，中国的就业调整尚未完成；另一方面，教育的影响也无法充分显现。

三、文献述评

通过梳理相关文献，可以发现，学者们对这一问题进行了丰富和比较全面的研究。现有文献可以归结为贸易自由化对就业水平、就业结构、非正规就业、就业性别差异和代际职业流动的影响及其影响机制。但是，现有研究仍然存在一些不足，主要包括以下三个方面。

第一，关于贸易自由化对就业水平的影响，现有文献主要从宏观、中观、微观企业和微观个体四个研究视角出发来检验二者之间的关系。由于使用的数据及实证方法的不同，学者们得出的结论并不一致。具体而言，出口贸易自由化对就业具有促进作用，但进口贸易自由化对就业的影响并不稳健。即便是使用同一国家的数据，得出的结论也可能不一致。正是这种争议的存在，为本书研究贸易自由化（进口贸易自由化）对就业的影响提供了发挥空间。

第二，现有文献多使用国家、行业和企业层面的数据来研究贸易自由化对就业的影响，使用个体数据的文献相对较少，这导致在研究过程中，忽略贸易自由化对个体因素的影响，而这些个体因素往往会直接影响劳动力个体的就业选择。劳动力个体是劳动的提供方，而企业是劳动的需求方，行业和国家层面的数据是由企业数据构成的。因此，现有文献在研究贸易自由化对就业的影响时，大多是从劳动力需求侧出发，较少从劳动力市场的供给侧入手，而同时研究需求侧和供给侧的更是少之又少。之所以出现这一现象，数据缺乏是一个重要原因。相较于发达国家，中国的微观调查起步较晚，中国家庭追踪调查（CFPS）、中国家庭金融调查（CHFS）和中国家庭调查（CHPS）等微观调查数据是从 2010 年之后才开始。这些数据的出现，不仅可以为我们从微观个体视角分析贸易自由化如何影响中国的就业提供数据支持，也有助于从劳动力市场的需求侧和供给侧出发，从而更加全面地分析贸易自由化对中国劳动力就业的影响。

第三，现有文献在研究贸易自由化与就业之间的关系时，往往不会从代际层面对劳动者的就业情况进行观测和区分，这就导致这些研究从代际视角上看是静态的，无法体现出贸易自由化对就业在代际层面的动态影响。另外，虽然有大量文献研究了就业在代际层面的动态变化，但他们很少将贸易自由化作为影响因素加以考虑。目前关于贸易自由化如何影响代际职业流动的文献比较少，本书的研究成果可以对现有文献进行补充。

第三节　研究思路、方法及技术路线

一、研究思路

首先，从理论层面梳理贸易自由化与就业之间的关系。依据经济学理论，探析贸易自由化影响企业劳动力需求、劳动力个体就业以及代际职业流动的理论机制。

其次，从现实数据入手，分析中国的贸易自由化现状及特征、就业现状及特征并探讨二者之间的关系。

再次，结合理论分析与现状分析的结果，采用实证研究的方法，从企业劳动力需求、劳动力个体就业和代际职业流动三个视角分析贸易自由化对就业的影响。三者之间具有非常紧密的联系，其中，贸易自由化对企业劳动力需求的影响是从劳动力市场的需求侧分析贸易自由化对就业的影响。在劳动力需求发生变动后，贸易自由化也会通过人口迁移等渠道影响劳动力的供给，而贸易自由化对劳动力个体就业的影响正是从劳动力市场的供给侧分析贸易自由化对就业的影响。由于在实证分析过程中没有区分劳动力所属的代际，因而就代际层面而言，前两组实证分析所探讨的都是贸易自由化对就业的静态影响；鉴于不同代际的劳动者在个体特征、家庭背景、区域特点等维度上存在异质性，同时也为了分析贸易自由化在代际层面对就业的动态影响，本书检验了贸易自由化与代际职业流动之间的关系，从而更加全面地研究贸易自由化对就业的影响。

最后，根据理论分析、现状分析和实证分析的结果，得出研究结论，并提出一系列有针对性的政策建议。

二、研究方法

本书使用了以下三种研究方法。

第一，文献研究法。本书通过梳理与研究主题相关的文献，得到了现有研究的发展脉络、最新进展与研究不足。一方面，现有文献为本书的理论分析和实证分析提供必要的支撑；另一方面，现有文献的研究不足也给本书指出了创新的方向。

第二，比较分析法。在进行贸易自由化现状分析时，本书除了分析中国的贸易自由化现状及其特征，也将中国的贸易自由化水平与世界其他经济体进行跨国比较，从而得到中国的贸易化程度在国际上所处的地位；在分析中国的就业现状时，通过对比不同年份的就业数据，得到了中国的就业特征及其变化趋势。

第三，实证分析法。在理论分析和现状分析的基础上，通过运用实证分析法，如固定效应模型、双重差分法、工具变量法和中介效应模型，明确了贸易自由化对企业劳动力需求、劳动力个体就业和劳动力代际职业流动的影响及其机制，并据此得出全书的研究结论。

三、技术路线

本书的技术路线如图 1 - 1 所示。

四、主要内容

全书共分七章，按照"问题提出—理论分析—现状分析—实证分析—研究结论"的整体思路，对研究主题逐一进行深入分析，各章具体安排如下。

第一章是绪论。首先介绍本书的研究背景和研究意义。随后对相关领域的研究文献进行梳理和述评，在此基础上指出本书的创新之处和逻辑框架。

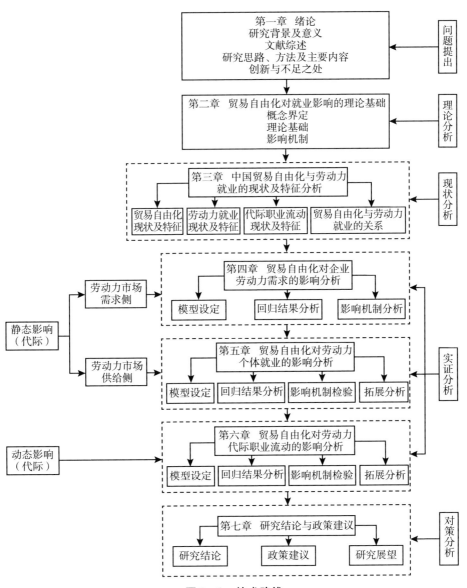

图 1-1 技术路线

第二章是贸易自由化对就业影响的理论基础。首先，对相关概念进行界定。其次，阐述了贸易自由化影响就业的理论基础。最后，根据相关经济学理论，得出贸易自由化影响企业劳动力需求、劳动力个体就业和劳动力代际职业流动的理论机制。

第三章是中国贸易自由化与劳动力就业的现状及特征分析。首先，利用现实数据分析了中国贸易自由化的现状及特征。其次，分析中国的就业现状及特征，包括就业规模、就业结构、就业者特征、就业者工资水平和工作强度等。再次，分析中国的代际职业流动现状及特征。最后，根据中国的贸易自由化数据和就业数据，分析二者之间的关系。

在理论分析和现状分析的基础上，第四章至第六章运用实证分析的方法，研究了贸易自由化对就业的影响。

第四章基于劳动力市场的需求侧，分析贸易自由化对企业劳动力需求的影响。首先，根据研究主题和已有文献，建立固定效应模型。其次，利用企业微观数据进行回归并对回归结果进行解读。最后，运用计量方法对贸易自由化影响企业劳动力需求的理论机制进行验证。

第五章基于劳动力市场的供给侧，分析贸易自由化对劳动力个体就业的影响。首先，根据研究主题建立固定效应模型。其次，根据微观个体数据的回归结果，得出贸易自由化与劳动力个体就业之间的关系。再次，明确贸易自由化影响劳动力个体就业的实现路径。最后，从工资水平和工作强度两个角度进行拓展分析。

第六章基于代际视角，分析贸易自由化对就业的动态影响，即贸易自由化对代际职业流动的影响。首先，根据经济学理论和现有研究成果，建立固定效应模型。其次，利用 CFPS 提供的微观个体数据进行回归，通过分析实证结果，得出贸易自由化对劳动力代际职业流动的影响。再次，结合理论分析与影响机制检验的结果，得出贸易自由化影响劳动力代际职业流动的机制。最后，以母亲与子女职业的对比作为判断代际职业流动的基准，进行拓展分析。

第七章是研究结论与政策建议。首先，对主要的研究结论进行归纳总结。其次，根据研究结论并结合中国的国情，科学严谨地提出具有针对性的政策建议。最后，提出未来的研究展望。

第四节 创新点与不足之处

一、创新点

本书的创新点主要体现在以下三个方面。

第一，为研究贸易自由化与就业的关系提供了新的研究视角。一方面，现有研究主要从劳动力市场的需求侧（企业劳动力需求）分析贸易自由化对就业的影响，而从劳动力市场供给侧（个体就业）的研究相对较少。本书分别研究贸易自由化对企业劳动力需求和劳动力个体就业的影响，从而在需求侧和供给侧两个视角更加全面地分析贸易自由化对中国劳动力市场的影响。另一方面，现有文献在研究贸易自由化与就业之间的关系时，往往不会从代际层面对劳动者进行区分，因而这些研究大多聚焦于贸易自由化在代际层面对就业的静态影响。本书基于代际的视角，在分析贸易自由化对就业的静态影响（不区分代际）的同时，进一步分析了贸易自由化在代际层面对就业的动态影响。

第二，研究了贸易自由化对中国代际职业流动的影响。对有关中国代际职业流动的文献进行了补充。此外，代际职业流动是研究社会结构和社会公平的重要指标，因而在研究贸易自由化与代际职业流动关系的过程中，本书在采用经济学分析框架的基础上，借鉴了一些社会学领域的分析方法（例如对职业流动方向的判断），在研究方法上进行了一定程度的创新。

第三，明确了贸易自由化对就业的影响机制。在现状分析和理论分析的基础上，利用中国的相关数据，采用固定效应模型、双重差分法、调节效应模型等定量分析方法，检验了贸易自由化对企业劳动力需求、劳动力个体就业和代际职业流动的影响机制。在借鉴前人成果的基础上，发现劳动力产业转移在贸易自由化影响代际职业流动过程中所起的作用，从而更加全面地揭示了贸易自由化对就业的影响机制。

二、不足之处

本书的不足之处主要是数据方面。首先，在分析贸易自由化对劳动力个体就业的影响时，拟以 2001 年中国加入 WTO 作为一个准自然实验，运用双重差分法来解决内生性问题。但是，现有的微观数据要么时间跨度不够，要么未包含研究所需要的全部变量。最终只能选择使用 2002—2009 年的中国城镇住户调查（Urban Household Survey，UHS）数据，运用固定效应模型进行实证分析，并采用工具变量法来应对内生性问题。其次，在计算企业全要素生产率时，由于工企库在 2007 年以后不再提供工业增加值数据，因而第四章所用的面板数据只到 2007 年。最后，在实证部分所用的多是距今十年以上的数据，主要原因就是难以获得符合研究需要的最新数据以及现有的工业企业数据库的数据质量限制。

第二章　贸易自由化对就业影响的理论基础

第一节　贸易自由化对就业影响的概念界定与理论基础

一、概念界定

(一) 贸易自由化

贸易自由化是指减少或取消国家之间商品交换的贸易壁垒。贸易壁垒分为关税贸易壁垒和非关税贸易壁垒。其中，关税贸易壁垒包括关税和附加费；非关税贸易壁垒包括配额、进口许可证、出口许可证、技术性贸易壁垒、绿色贸易壁垒和劳工标准壁垒等。经济学家普遍认为，放宽或消除这些限制是促进自由贸易的主要措施。

贸易自由化一直是一个有争议的话题。批评者认为，贸易自由化会导致大量国外商品进入国内市场，给国内的进口竞争行业带来供给冲击，进而引发进口竞争行业就业岗位的减少。此外，与经过严格安全和质量检验的国内产品相比，那些价格低廉的进口商品的质量可能难以保证。贸易自由化的支持者则认为，一方面，贸易自由化最终会降低消费者成本；另一方面，中间品贸易自由化能够降低生产企业的投入成本，从而提高企业的生产效率，扩大企业的生产规模和盈利空间。之所以出现这样的分歧，主要是因为贸易自由化的影响具有很强的异质性，对不同行业、不同技能程度工人、不同产业结构国家的影响不尽相同。由于民众所处的立场和分析问题的角度不同，最终导致对贸易自由化的态度产生分歧。

目前，国与国之间实现贸易自由化的途径有两种，一种是在 GATT 和 WTO 的框架下，通过多边谈判的方式，降低关税贸易壁垒和非关税贸易壁垒；另一种是两个或两个以上国家，通过签署区域贸易协定的方式，实现区域范围内的贸易自由化。

在 GATT（1995 年被 WTO 取代）的框架下，经过八轮多边贸易谈判，世界范围内的贸易自由化水平显著提高。多边谈判涉及的议题非常广泛，主要包括：非关税贸易壁垒、农产品贸易、服务贸易、知识产权保护等。经过各方博弈，前八轮谈判顺利完成，但 2001 年开始的多哈回合谈判却陷入僵局，至今没有完成。多哈回合的主要分歧在于农产品关税和农业补贴，由于各方分歧过大，2006 年，WTO 一度宣布中止多哈回合贸易谈判。除了多边谈判面临困境，WTO 的争端解决机制也面临一系列挑战。2018 年初，美国政府无视 WTO 多边体制规则，单方面以美国国内法为依据对来自中国、欧盟、日本、加拿大等国输美产品采取贸易制裁措施。为了维护自身利益，中国等 WTO 成员依据对等原则纷纷采取反制措施，贸易摩擦一时间成为国际贸易中的常态，导致国际贸易秩序陷入严重混乱。不仅如此，美国政府多次使用一票否决权，阻止 WTO 上诉机构新任法官的遴选，导致 WTO 上诉机构几乎陷入瘫痪境地（刘敬东，2019）。缺少争端解决机制给国际贸易和多边贸易谈判带来更大的不确定性，进一步提升了通过多边贸易谈判这一途径推进贸易自由化的难度。

在多边贸易谈判停滞不前的背景下，越来越多的国家选择区域贸易协定作为推进贸易自由化的实现路径。与多边贸易谈判相比，区域贸易协定的参与国更少，且成员之间具备良好的政治关系和更多的共同利益。因此，区域贸易协定的谈判难度要小于多边贸易谈判。更重要的是，根据关税及贸易总协定（GATT）和世界贸易组织（WTO）的非歧视原则中的最惠国待遇原则，一个成员方给予另一成员方的优惠贸易条件，必须无条件扩展到其他成员方。但是，区域贸易协定是个例外。根据 GATT 第 24 条规定，允许关税同盟和自由贸易区这两种形式的区域贸易协定作为多边贸易体系中最惠国义务的例外。正是基于区域贸易协定的这一特点，越来越多的国家选择这一途径作为促进贸易自由化的方式。

根据商品分类的不同，文献中通常把贸易自由化分为两种，分别是最终品贸易自由化和中间品贸易自由化。最终品是指生产出来以后不再进行加工，可供最终消费和使用的产品；中间品是为了再加工或者转卖用于供其他产品生产使用的物品和劳资，是指在一种产品从初级产品加工到提供最终消费经过一系列生产过程中没有成为最终产品之前处于加工过程的产品的统称。联合国经济及社会理事会根据《国际贸易标准分类》（STIC）以及《商品名称及编码协调制度》（HS），制定了《按广泛经济类别分类》（BEC），对国际贸易中的商品进行了划分，把所有商品分为消费品、中间货物、资本货物，其中，消费品即为最终品。

（二）代际职业流动

代际职业流动是指劳动者两代（或多代）之间的职业类别和职业层次的变迁。代际职业流动不仅是观测代际就业动态变化的重要指标，也是衡量就业公平和社会公平的重要依据。代际职业流动一般是社会学研究的范畴，通常被用于研究社会结构变迁和社会公平，经济学研究的比较少。但近年来，从经济学视角研究代际职业流动的文献也开始出现。这些学者将代际职业流动的研究范围从社会学拓展到了经济学领域，这有助于人们更加全面地理解代际职业流动。

一个健康的社会应该是一个流动的社会（杨中超，2016）。通过职业在代际的流动，能够有效激发社会成员的进取心，充分发挥个人才能，真正实现唯才不唯亲，从而实现人力资源的优化配置，促进社会的全面进步。相反，如果一个社会的流动性很差，就会出现人们常说的"二代"现象（周兴和张鹏，2014）。长辈所处的社会地位与阶层或所从事的职业是衡量一个家庭背景的重要指标，而这对下一代的影响很大程度上是通过职业选择体现出来的（纪珽和梁琳，2020）。因此，职业的代际流动是反映社会流动性和社会公平的重要参考。

二、理论基础

（一）比较优势理论

1817 年，大卫·李嘉图提出比较优势理论。与亚当·斯密的绝对优势理论不同，李嘉图认为比较优势才是国际贸易产生的根源，而比较优势是来自国与国之间生产技术的相对差异（而不是绝对差异）。因此，一方面各国应生产并出口本国具有比较优势的商品，另一方面各国应进口本国具有比较劣势的商品。该理论的提出弥补了绝对优势理论的一些缺陷，它解释了不同国家之间的贸易产生的根源，并且从理论层面支持了自由贸易。根据比较优势理论，与发达国家相比，以中国为代表的发展中国家在生产劳动密集型产品上具备比较优势。因此，发展中国家应该充分调动国内的劳动力资源，专门生产劳动密集型产品，并出口到发达国家。在出口的过程中，发展中国家的就业岗位会相应增加。

但比较优势理论在应用过程中仍然存在不足。首先，该理论假设世界是静态均衡的，并且不存在技术进步和经济发展，这明显与现实情况不符。其次，该理论认为国际贸易是由各国劳动生产率的差异所引起的，但并未阐明各国劳动生产率存在差异的原因。最后，该理论认为各国应按照比较优势原则进行完全的专业化生产，并且当两国比较优势差距较大时，两国的贸易空间也会较大。但在现实生活中，各国几乎不可能进行完全的专业化生产，并且发达国家也不可能只与发展中国家开展国际贸易。

（二）要素禀赋理论（H－O）

20 世纪初，赫克歇尔（Hecksher）和俄林（Ohlin）克服了李嘉图国际贸易模型中的部分局限性，提出了 H－O 理论。赫克歇尔和俄林认为，一个国家应该出口密集使用其丰腴要素的商品，进口密集使用其稀缺要素的商品。他们还指出，一个国家的比较优势来源于其拥有的生产要素的相对禀赋。之所以各国在生产密集使用当地丰腴要素的商品方面占据优势地位，主要是因为投入成本决定了商品的获利空间。由于劳动力是中国的丰腴要素，那么，根据 H – O 理论，中国应充分发挥劳动力的比较优势，出口劳动密集型产品，这有助于扩大中国对劳动力的需求，从而促进就业。

H – O 理论对比较优势理论进行了完善和补充。李嘉图比较优势理论认为，贸易最终是由使用不同"技术"的劳动生产率差异推动的，而 H – O 理论放松了这一假定；李嘉图仅考虑了单一的生产要素劳动力，所以如果没有国家之间的技术差异，就不可能产生比较优势；H – O 理论模型一方面剔除了技术变化这一变量，另一方面将可变的资本禀赋纳入理论模型。

人们通常将李嘉图的比较优势理论和赫克歇尔—俄林的要素禀赋理论归纳为外生比较优势理论，它与斯密的内生绝对优势理论有较大差异。这种差异并不是简单的外生与内生比较优势的差别，前者聚焦于分工网络模式及其变化，而后者则重点关注资源的分配与流向（杨小凯和张永生，2001）。

（三）新贸易理论

不管是比较优势理论还是 H – O 理论，二者都是将各国先天的要素禀赋差异作为国际贸易的基础，这并不足以解释多元贸易形态形成的原因，因此，这一阶段的比较优势理论被称为外生比较优势理论。20 世纪 90 年代，赫尔普曼（Helpman）和克鲁格曼（Krugman）对外生比较优势理论进行完善，引入规模经济来分析各国的比较优势，逐渐形成了内生比较优势理论。随后，泰布特（Tybout，1993）沿着赫尔普曼和克鲁格曼的思路，进一步建立了递增性内部规模收益模型，将各国从专业化中获得的收益作为比较优势的来源之一，进而拓展了传统的比较优势理论。但多拉尔和沃尔夫（Dollar & Wolff，1993）却认为尽管规模经济可以部分解释发达国家之间日益增加的国际贸易，但是并不能解释全部。他们认为，技术差异也是解释比较优势产生的原因之一。

新贸易理论认为，规模经济降低了企业的生产成本，这不仅有助于企业拓展销售市场，同时也能够促使企业支持自由贸易政策，而对劳动力的需求与商品生产的规模密切相关。此外，生产技术及其变化也会影响企业对非熟练劳动力的需求。

（四）新—新贸易理论

鲍德温和尼古德（Baldwin & Nicoud，2004）以及鲍德温和福斯里德（Baldwin & Forslid，2010）提出新—新贸易理论的概念，但新—新贸易的理论基础却是来自梅利茨（Melitz，2003）、安特拉斯（Antras，2003）和伯纳德等（Bernard et al.，2003）。新—新贸易理论的研究对象是微观企业，重点关注企业的贸易、投资与生产组织行为。新—新贸易理论最大的特点是假设企业之间在生产率方面存在异质性。以梅利茨为代表的学者主要研究企业的国际化路径选择，故也被称为异质性企业贸易（Baldwin & Okubo，2006）；以安特拉斯为代表的学者主要探索企业全球组织生产选择，因而通常被称为生产边界理论。

梅利茨（2003）引入了一个垄断竞争条件下的动态产业一般均衡模型，与以往不同的是，他将企业生产率差异纳入理论模型。结果表明，高生产率企业能够进入出口市场；低生产率企业只能专注于国内市场，生产率最低的企业则将退出市场。梅利茨进一步证实，更高的贸易自由化水平能够显著促进高生产率企业的发展，而对低生产率企业造成不利影响。伯纳德等（2003）扩展了李嘉图的模型，从两国模型扩展到多个国家，并允许存在地理壁垒、不完全竞争和存在企业异质性。他认为，无论是企业的生产率还是企业的生产规模都会对企业的出口产生影响，而进入出口市场的企业往往拥有较高的生产率和较大的生产规模。赫尔普曼等（2004）在梅利茨模型的基础上，回答了什么样的企业选择出口，什么样的企业选择对外直接投资。他们认为，选择对外直接投资的企业生产率最高，生产效率次之的企业则会选择出口。

新—新贸易理论也分析了贸易自由化带来的贸易成本下降及其对企业、行业和国家的影响。现有研究表明，贸易自由化会促进原有出口企业增加出口，并促使更多企业进入出口市场，从而提高一国整体的生产率水平（李春顶，2010）。伯纳德等（2003）通过建立一个多产品企业新—新贸易理论框架，发现贸易自由化有利于提高企业内部和企业之间的生产率。除此之外，他们还发现，贸易自由化会导致企业出口产品种类的减少，但会增加出口量。由于企业的生产率、行业的要素密集度和国家要素禀赋存在异质性，所以贸易成本的降低将会导致行业和国家的资源再配置，这些资源包括动力、资本、土地等，故而就业水平会受到贸易自由化的影响。

第二节　贸易自由化对就业的影响机制

根据经济学的基本理论，劳动力市场的均衡由供给和需求共同决定。其中，劳动力需求由企业提供的就业岗位决定，而劳动力供给则由劳动力个体决定。因此，本章首先从劳动力市场的需求侧出发，分析贸易自由化影响企业劳动力需求的理论机制；其次，从劳动力市场的供给侧出发，分析贸易自由化影响劳动力个体就业的理论机制；最后，为了研究贸易自由化在代际层面对就业的动态影响，本章也分析了贸易自由化影响劳动力代际职业流动的理论机制。

一、贸易自由化对企业劳动力需求的影响机制

参考詹金斯和森（Jenkins & Sen，2006）的研究，将制造业的总体就业定义为制造业总产出乘以各个制造业细分行业就业系数的加权平均，具体为

$$L = Q \sum \omega_j \left(\frac{L}{Q} \right)_j \qquad (2-1)$$

其中，L 是制造业总就业；Q 是制造业总产出；j 是制造业细分行业，$\omega_j = Q_j/Q$，是制造业行业 j 的产出占制造业总产出的比重。

根据公式（2-1）对制造业总体就业水平的定义，我们发现贸易自由化可以通过三个渠道影响一国的制造业就业水平。

首先，贸易自由化可以通过影响制造业总产出（Q）来影响就业水平。贸易自由化通常是双向的，以中国为例，中国为了加入 WTO，承诺削减自身的进口关税。与此同时，基于世界贸易组织非歧视原则中的最惠国待遇原则，世贸组织其他成员也必须削减其对中国商品征收的进口关税。因此，除了单边削减关税，双边或多边框架下的关税减让对本国的进口和出口都

能够产生影响。贸易自由化引致的出口增长意味着中国商品的海外市场扩大，海外需求的增加对中国的制造业总产出有明显的促进作用。根据公式（2-1），制造业总产出能够增加就业。另外，贸易自由化引致的进口冲击，可能对中国的进口竞争行业产生不利影响，一些生产效率低的企业将不得不退出市场，在其他条件不变的情况下，进口竞争行业的生产萎缩会对制造业产生不利影响，进而降低对劳动力的需求。但是，如果一国的进口商品以中间投入品为主，那么随着贸易自由化程度的提升，企业能够以更低的价格获得更高质量的中间品，进而有助于企业扩大生产规模，增加对劳动力的需求。因此，贸易自由化通过制造业总产出这一渠道影响就业的方向和大小与该国的贸易结构密切相关。人们通常把贸易自由化的这一影响称为规模效应。

其次，贸易自由化可以通过改变制造业内部细分行业的产出占比（ω_i）来影响制造业就业水平。人们把贸易自由化的这一作用称为组成效应（composition effect）。根据要素禀赋理论，随着贸易自由化程度的提升，以中国为代表的发展中国家会集中资源生产密集使用其丰腴要素的商品并出口到世界各地。另外，发展中国家会进口密集使用其稀缺要素的商品。中国拥有世界上最丰富的劳动力资源，因而随着中国不断推进贸易自由化进程，劳动密集型行业在制造业总产出中所占的比重也不断提升，对劳动力的需求也随之增加。假定劳动力市场是完全竞争的，在劳动力供给不变的条件下，贸易自由化导致劳动需求曲线向右移动，带来的结果必然是工资上涨和就业增加。

最后，贸易自由化还可以通过行业的劳动力系数（L/Q）这一渠道影响就业水平。贸易自由化的这一影响通常被称作进程效应。贸易自由化可以改变单位产出的劳动投入量，即劳动生产率来影响就业水平。同时，进程效应也会改变要素相对价格，进而影响要素投入比例（如资本—劳动比）并带来要素替代，对制造业就业水平产生影响。

对企业而言，它从属于某个行业。因此，贸易自由化对行业就业水平的影响必然会传导到各个企业。但是，由于行业数据是由企业数据加总而来，所以行业数据有可能会掩盖企业的某些特征，尤其是企业层面的异质性，例如生产率。根据梅利茨的异质性企业模型，企业之间的生产率是异质的，因而国际贸易对企业的影响也同样存在差异。对于任何一个企业，进入国际市场都要面对较高的进入成本（如信息收集、销售网络构建等）和风险，同时还要应对来自当地企业和其他国家企业的激烈竞争。所以梅利茨（2003）指出，不同生产率企业在选择销售市场时存在差异。在此过程中，资源（包括劳动力资源）会向高生产率企业转移。因此，根据新—新贸易理论，生产率是贸易自由化影响企业劳动力需求的重要渠道。一方面，贸易自由化带来的国外进口竞争会激励企业竭尽所能地提高生产效率，这势必会改变企业在生产过程中的要素投入比例，从而影响企业对劳动力的需求；另一方面，企业生产率的提升有助于企业拓展国际市场，而市场需求的增加能够激励企业扩大生产规模，增加企业对劳动力等生产要素的投入（刘志成和刘斌，2014）。

罗德里格斯和余（Rodriguez & Yu，2017）基于梅利茨的异质性企业模型，通过加入外国对本国征收的最终品进口关税、本国对外国最终品征收的进口关税和本国对外国中间品征收的进口关税，以三种关税水平代表贸易自由化，探讨贸易自由化对纯加工贸易企业、非进口企业和进口企业对劳动力需求的影响及其影响机制。他们认为，贸易自由化主要通过国内价格水平、国外价格水平、三种企业的生产率门槛来影响就业水平，而纯加工企业在其中扮演非常重要的角色。当外国对本国的最终品进口关税下降时，将会激励本国企业对外出口，一些一般贸易企业会转变为纯加工贸易企业。因为纯加工贸易企业的生产率往往高于一般贸易企业，所以国内的生产率总体上有所提升。又因为纯加工贸易企业的产品不能在国内销售，因此，这部分市场空缺将由低生产率的外国商品取代，导致本国的价格水平上升。外国市场由于本国商品的大量涌入，价格水平将会下降。当本国对外国的最终品/中间品进口关税下降时，外国商品大量进入本国市场，以致本国的市场竞争加剧，价格水平随之下降。本国企业可以通过从一般贸易企业转变为纯加工贸易企业的方式来规避进口竞争，积极拓展海外市场，当出口增量足够大时，将会拉低外国市场的总体价格水平。

接下来他们提到了三种贸易自由化对生产率的影响。当外国对本国的最终品进口关税下降时，由于出口变得更加容易，所以纯加工贸易企业和进口企业的生产率门槛下降，而对于非进口企业，由于部分此前专注内销的企业开始涉足出口，所以非进口企业的生产率门槛上升。当本国对外国的最终品进口关税下降时，由于市场竞争加剧，三种企业的生产率门槛都会上升。当本国对外国中间品进口关税下降时，进口企业能够以较低的价格购买中间品，获利机会和进入成本降低，因而生产率门槛降低。但是，其他两种企业在与进口企业竞争时会处于不利地位，生产率门槛将会上升。

在明确了三种贸易自由化对价格水平和生产率门槛的影响之后，就可以具体分析贸易自由化对三种企业的劳动力需求的影响。首先，对于纯加工贸易企业，三种关税水平的下降都会通过降低企业产品的国外市场销售价格来影响就业，价格下降意味着利润下降，这会迫使企业缩减生产规模，减少工人数量。除此之外，外国对本国最终品进口关税下降会增加本国商品在国际市场的竞争力，扩大商品需求，这将带来一定程度的就业创造效应。其次，对于非进口企业，贸易自由化对就业的影响分为两种：第一种是对于那些专注于内销的非进口企业，本国最终品/中间品进口关税下降会降低本国的价格水平从而带来就业破坏，而外国对本国的最终品进口关税下降则恰好相反；对于有出口业务的非进口企业，两种本国关税的下降会增加企业的出口难度，使得部分非进口企业出口转内销，这将提高非进口纯内销企业的生产率门槛，进而减少此类企业的就业需求。第二种是对于同时从事出口和内销的非进口企业，本国对外国最终品/中间品关税下降将同时降低国内价格水平和国外价格水平，从而减少就业，而外国对本国最终品进口关税下降则会引起国内价格水平上升带来就业创造，而较低外国最终品进口关税本身也会带来就业增长。最后，对于进口企业，本国对外国最终品关税下降和外国对本国最终品进口关税下降对就业的影响与同时从事出口和内销的非进口企业相似。本国对外国的中间品进口关税下降，一方面，会因为本土企业承担的生产工序减少而造成就业减少；另一方面，生产成本下降有助于企业通过降价扩大市场和生产规模，增加就业。贸易自由化对企业劳动力需求的影响机制可以用图 2 - 1 描述。

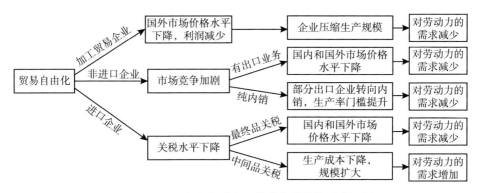

图 2 - 1　贸易自由化对企业劳动力需求的影响机制

二、贸易自由化对劳动力个体就业的影响机制

企业是工作岗位的提供者，是劳动力的需求方，而劳动力个体本身则是劳动力的提供方。[①] 在劳动力需求不变的条件下，劳动力供给的增加将导致供给曲线向右移动。与旧的均衡点相比，新均衡点的工资水平更低，就业规模更大。在本章第二节第一部分，我们已经探讨了贸易自由化对企业劳动力需求的影响机制。可以肯定的是，贸易自由化对劳动力个体就业的影响与企业的劳动力需求是息息相关的，拥有足够的就业岗位是个体进行就业选择的前提。

凯恩斯在《就业、利息和货币通论》中，提到了失业的类型和失业的原因及失业的经济影响。本章先从失业出发，来反推贸易自由化对就业的影响机制。凯恩斯将失业分为三种，分别是摩擦性失业、结构性失业和周期性失业，并给出了三种失业产生的原因。摩擦性失业主要源于求职者和企业岗位需求之间的信息不完全流动，并且工人的就业偏好和工作岗位的属性并不一定完全匹配。再加上工人在不同地区间的流动受到时间和空间限制，就业的实现需要一定的时间和努力，结构性失业的主要原因是劳动供给和需求不匹配，例如技能不匹配和工作地点不匹配，此时就会出现职位空缺与劳动力失业并存的现象。周期性失业主要受经济周期的影响，当

[①]　个体企业除外，对于个体企业，企业所有人既是劳动的需求方，也是劳动的供给方。

经济处于繁荣期时，失业率通常比较低；而当经济进入衰退期时，失业率往往比较高（Keynes，1937）。

通过对失业原因的分析，可以发现，劳动力供给与需求的不匹配是影响失业的主要原因，这种不匹配主要表现在技能上的不匹配、空间上的不匹配等，作为失业的对立面，就业也同样受此影响。如图2-2所示，随着贸易自由化水平的提升，企业对劳动力的需求也随之发生变动，最直接的后果就是劳动力市场上的供需失衡。劳动力市场的失衡，意味着劳动力资源的错配，即劳动力个体与工作岗位之间的不匹配，最主要的表现是技能水平的不匹配和地理空间上的不匹配。

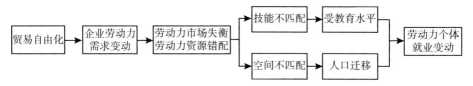

图2-2　贸易自由化对劳动力个体就业的影响机制

首先，随着贸易自由化水平的提升，来自国外的进口商品会加剧国内市场的竞争程度，这会激励本国企业不断提升创新能力，加大企业劳动力等生产要素的投入，扩大企业对高技能劳动力的需求，因而对应聘者的技能水平要求也越来越高。教育是提升劳动力技能的主要途径，求职者的受教育水平越高，越有机会达到工作岗位的技能门槛。因此，贸易自由化能够通过激励劳动力个体提高受教育水平进而提升技能水平，从而影响劳动力个体的就业概率与就业选择。

其次，贸易自由化对劳动力市场的影响也表现在劳动力需求与劳动力供给在空间上的差异。科瓦克（Kovak，2013）、迪克斯-卡内罗和科瓦克（Dix - Carneiro & Kovak，2017）通过构建区域特定要素模型，在理论层面分析了最终品贸易自由化影响劳动力市场空间分配的效应。他们研究发现，贸易自由化最终会通过进口竞争效应反映在国内产品价格水平上。在中国推进贸易自由化的过程中，不同行业的关税削减幅度存在差异，而那些关税削减多的行业所集中的地区将面临更多价格水平的下降，对区域劳动力市场需求产生差异性影响。另外，中间品贸易自由化除了通过进口竞争影响本土中间投入品市场价格外，还会进一步通过出口扩张影响劳动力市场（何冰和周申，2019）。中间品贸易自由化程度越高的地区，出口扩张的可能性越大。而出口扩张会增加该地区对劳动力的需求。但是，由于劳动力的需求方和供给方在空间上的不匹配，导致中国的劳动力资源无法实现最优配置。劳动力需求在空间上的差异能够激励劳动力个体通过人口迁移的方式来实现就业，劳动力需求越旺盛的地区，越能吸引外地的劳动力个体前来寻找就业机会。因此，贸易自由化可以通过人口迁移这一渠道来影响劳动力个体的就业。

贸易自由化除了直接影响企业对劳动力的需求，同样也会影响劳动力在正规就业和非正规就业之间的分布。与正规就业相比，非正规就业的门槛更低，因而劳动力个体实现非正规就业的难度也相对较小。因此，贸易自由化可以通过改变正规就业与非正规就业在劳动力市场中的比重来影响劳动力个体就业。随着贸易自由化进程的稳步推进，企业生产产品价格下降的概率也相应增加，进而企业的营收也可能面临下行压力。为了节约经营成本，企业雇用的最优正规劳动力数量减少。在企业面临不确定需求假设下，贸易自由化致使企业雇用的非正规劳动力比重上升。因此，贸易自由化可能通过进口竞争影响地区非正规劳动力市场，最终品贸易自由化程度越高的地区，非正规就业的相对需求增加越多。引起非正规部门或非正规就业的扩张。中间品贸易自由化带来的出口扩张也同样会导致非正规就业规模的扩大。非正规就业规模的扩大对于提升劳动力个体的就业概率具有一定的促进作用。

综上所述，贸易自由化可以通过受教育水平、人口迁移、正规就业和非正规就业的比重等渠道来影响劳动力个体就业。

三、贸易自由化对劳动力代际职业流动的影响机制

职业的代际流动本质上也是劳动力个体就业问题，只是劳动力个体所处的代际不同。在本节第二部分的基础上，通过对代际职业变化的观察来研究就业在代际层面的动态变化。因此，贸易自由化对代际职业流动的影响机制与个体就业相似。

与父辈相比，子女更加年轻，求知欲和探索欲更强，所处的时代背景

也与父辈不同。正如本节前两部分所述，随着贸易自由化进程的稳步推进，不同地区对劳动力需求也随之发生变化，对劳动力的技能水平也提出了更高的要求。换言之，贸易自由化引发的劳动力需求变动不仅反映在就业岗位的总量上，也表现在职业类型的增加以及各细分职业对劳动力需求的变动。代际职业是指不同代际所从事的职业变化，也可以简单理解为子女与父母从事的职业是否相同。随着工作机会与职业类型的增加，子女有更多的机会去从事与父母不同的职业，从而实现职业在代际的流动。

此外，根据熊彼特的经济发展理论，随着进入威胁的增加，会诱使靠近技术前沿行业的在位者投入更多资源进行创新，从而提高行业的进入门槛，以期吓退试图进入的企业，规避进入威胁；另外，它降低了远离技术前沿行业的在位者的创新动机，以它们的生产效率，在这些领域生存下来的希望微乎其微。此外，不断增加的进入威胁会提高靠近技术前沿行业的生产率水平，这些行业内的企业亦是如此（Aghion et al.，2004；2009）。随着国内进口关税水平的下降，大量外国商品涌入国内市场。因此，对国内进口竞争企业而言，贸易自由化可被视为不断增长的进入威胁。对于接近技术前沿的行业，在位企业为了应对新厂商的进入，将投入更多资源用于创新，其中人力资本就是最重要的资源之一，而教育是人力资本的主要来源。因此，贸易自由化促使接近技术前沿的企业增加对高技能劳动力的需求，这将增加代际职业流动的机会；求职者为了迎合岗位需要，会通过教育/培训的方式提升自身的技能水平。子女有更多接受教育的机会。父母为了子女的前途，也会尽力支持子女的学业。因此，贸易自由化也可能通过提高子女受教育水平来影响职业的代际流动。图2-3描述了贸易自由化对劳动力代际职业流动的影响机制。

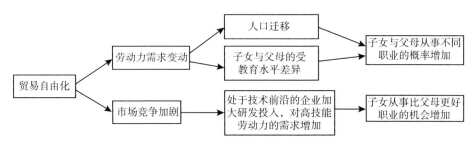

图2-3 贸易自由化对劳动力代际职业流动的影响机制

第三节　本　章　小　结

首先，对贸易自由化和代际职业流动的概念进行了阐述和界定。其次，梳理了贸易自由化影响就业的理论基础，包括比较优势理论、要素禀赋理论、新贸易理论和新—新贸易理论，进而从理论层面剖析贸易自由化与就业之间的关系。最后，本章分别从理论层面阐述了贸易自由化影响企业劳动力需求、劳动力个体就业和劳动力代际职业流动的影响机制，为后续的实证分析奠定理论基础。其中，贸易自由化对企业劳动力需求的影响机制主要包括生产率、企业所属行业的总产出、企业所属行业总产出占比和行业的劳动力系数；贸易自由化对劳动力个体就业的影响主要包括受教育水平、劳动力在地区间的迁移、正规就业和非正规就业的比重；贸易自由化对代际职业流动的影响机制主要包括受教育水平、人口迁移和企业对高技能劳动力的需求。

第三章 中国贸易自由化与劳动力就业的现状及特征分析

第一节 中国的贸易自由化现状及特征

　　1978 年，中国开始施行改革开放的基本国策，对内进行经济体制改革，对外积极融入国际经济与贸易体系。一方面，中国通过引进外商投资，学习国外的先进技术和管理经验；另一方面，中国鼓励加工贸易，通过实施出口导向型政策促进出口增长。与此同时，为了保护本国的相关产业，中国实行了较高的进口关税。为了进一步融入全球经济，1986 年 7 月 10 日，中国正式要求恢复关税及贸易总协定（GATT）的缔约国地位，开始了艰难的复关谈判。世界贸易组织（WTO）成立后，中国由复关谈判转为"入世"谈判。1995 年 7 月 11 日，中国正式提交加入世界贸易组织的申请。历经多轮双边和多边谈判，中国于 2001 年 12 月 11 日正式加入世界贸易组织。在此期间，中国为了与国际接轨，主动进行关税削减，并取消了一批非关税贸易壁垒。在"入世"以后，为了履行对世贸组织的承诺，中国再次加大了对关税与非关税贸易壁垒的削减力度，积极推进中国的贸易自由化进程。本节将从关税水平和区域贸易协定的角度分析中国的贸易自由化现状。一般而言，一国的进口关税越低，贸易自由化水平越高。作为贸易自由化的另一条实现路径，区域贸易协定受到的关注度也越来越高。

一、基于关税视角的中国贸易自由化水平

鉴于数据的可获得性，统计了 1996—2021 年中国的平均进口关税，包括最终品平均关税和中间品平均关税。根据世界银行和世界贸易组织提供的细分关税数据,[①] 可以计算出国家层面的平均关税水平。

参考厄尔滕等（Erten et al.，2019）、阿赫桑和查特吉（Ahsa & Chatterjee，2017）和陈等（Chen et al.，2017）的方法，通过公式（3 - 1）来计算中国的最终品平均关税。

$$\tau_t = \frac{\sum\limits_c n_{ct}\tau_{ct}^{\mathrm{HS6}}}{\sum\limits_c n_{ct}} \tag{3-1}$$

其中，c 是用 HS6 位编码表示的商品，τ_{ct} 是商品 c 在 t 年的进口关税率[②]，n_{ct} 是商品 c 在 t 年的税目数。中国的最终品平均关税水平如图 3 - 1 所示。

从图 3 - 1 可以看出，1996—2021 年，中国经历了多次关税大幅削减的过程。第一次是在 1996—1997 年，中国的最终品平均关税从 25.09% 下降到 18.19%，下降幅度高达 28 个百分点。此后，最终品平均关税水平持续稳步下降，2001 年下降到 17.38%。第二次是在 2001—2005 年。2001 年 12 月 11 日，中国正式成为 WTO 成员，在享有世贸组织成员各种权利的同时，中国也必须履行削减贸易壁垒的承诺。根据《中华人民共和国加入世界贸易组织议定书》及其附件，最终约束关税的实施期限是 2002—2010 年，绝大部分集中于 2002—2005 年。根据 WTO 的关税数据测算可知，2002 年中国的最终品平均关税削减了 29 个百分点，下降到 12.42%。2002—2005 年，中国延续了削减关税的势头。2005 年，最终品平均关税首次跌破 10%，降为 9.65%。换言之，中国的最终品平均关税水平在加入世贸组织的四年内下降了 44 个百分点，年平均降幅 11.12%[③]，是改革开放以来下降幅度最大的一次。2005 年以后，中国的最终品平均关税趋于平稳，保持在 9% ~ 10%

---

① 世界银行数据提供的是 HS8 位码的关税数据，而 WTO 关税数据库提供的是 HS6 位码数据。
② 这里用的是最惠国关税（most favoured nation duty rate）。
③ 这里指的是相对降幅。

之间，2021 年下降到 9.13%。

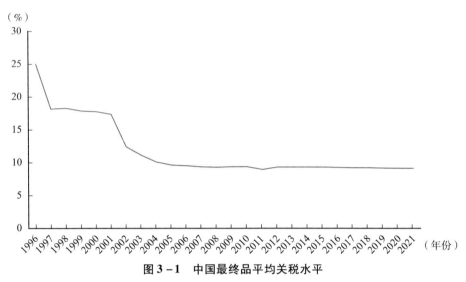

图 3-1 中国最终品平均关税水平

资料来源：根据世界银行的 WITS 数据库和 WTO 关税数据库的统计数据整理绘制，其中，2001 年以前的数据来自世界银行 WITS 数据库，2001 年及以后的数据来自 WTO 关税数据库。

中国不仅大幅削减最终品进口关税，同时也努力推进中间品贸易自由化。近年来，中间品贸易自由化及其经济影响得到越来越多学者的关注，如刘政文和马弘（2019）、陈雯和苗双有（2016）、李平和姜丽（2015）等。中国一直以来以生产为导向的进口贸易政策，促使中国有选择性地降低了关键零部件等中间商品的进口关税水平（陈雯和苗双有，2016）。因此，有必要通过测算中间品关税，来考察中国的中间品贸易自由化。

参考田巍和余森杰（2014），通过公式（3-2）测算中国各个行业的中间品平均关税水平。

$$Int_{jt} = \sum_n \frac{input_{nj}^{2002}}{\sum_n input_{nj}^{2002}} \tau_{nt} \tag{3-2}$$

其中，j 是 2 位行业代码，t 是时间。$input_{nj}^{2002}$ 为行业 j 在 2002 年使用投入品 n 的数量，τ_{nt} 为投入品 n 在 t 年的关税[①]。

——————————

① 基于数据的可获得性，选择的是 2002 年中国投入产出表（42 部门）。

在行业中间品平均关税的基础上，通过简单平均，便得到中国的平均中间品关税水平，计算结果如图 3 - 2 所示。可以发现，中国的中间品平均关税的变化与最终品平均关税基本保持一致，但中间品的平均关税率略高于最终品。同样受中国加入世贸组织关税承诺影响，2001—2005 年，中间品平均关税从 18.69% 下降到 10.68%。此后，中间品平均关税趋于稳定，保持在 10% ~11% 的区间内上下浮动。

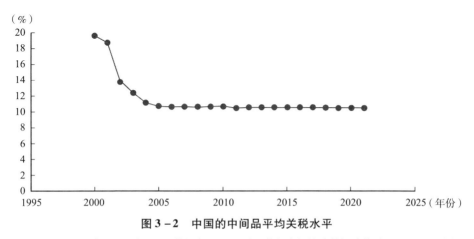

图 3 - 2　中国的中间品平均关税水平

资料来源：根据世界银行 WITS 数据库和 WTO 关税数据库的统计数据计算并整理绘制，其中，2001 年以前的数据来自世界银行 WITS 数据库，2001 年及以后的数据来自 WTO 关税数据库。

如今，距离中国加入世界贸易组织已经过去了二十多年，在此期间，中国履行了绝大部分承诺。用 2018 年中国的最惠国进口关税与中国的关税减让表作对比，可从关税削减视角分析中国"入世"承诺的兑现程度。根据中国的关税减让表，2010 年是中国兑现关税减让承诺的最后一年，在此之后，如果中国实施高于最终约束税率的进口关税，其他成员有权向世贸组织起诉中国。① 根据世贸组织的规定，2018 年中国应严格按照关税减让表中的最终约束税率对进口商品征税，但部分商品的关税和承诺关税并不一致，具体见附表1。总体来看，大部分商品的关税减让已经落实到位，这表明在关税削减方面，中国已经基本兑现了在加入世贸组织时作出的承诺。

――――――――

① 每种商品的最终约束税率的实施期不同，最晚的实施期是到 2010 年。

二、基于区域贸易协定视角的中国贸易自由化水平

2020 年 11 月 15 日，中国与日本等 15 个国家①共同签署了《区域全面经济伙伴关系协定》（RCEP）。在贸易受阻的 2020 年，能够完成这一大型区域贸易协定实属不易。签署 RCEP 是中国继加入 WTO 后又一重大开放成果，对推动新一轮高水平开放、开拓合作共赢新局面产生深远影响，对促进全球经济复苏、维护多边贸易体制发挥重要积极作用。② RCEP 各成员国之间的经济互补性强，贸易投资往来密切，人文交流广泛深入，合作前景广阔。RCEP 的签署为中国进一步推动贸易自由化提供了有利条件。

除了 RCEP，截至 2024 年 1 月，中国共签署 19 份区域贸易协定③。具体名单如表 3 - 1 所示。此外，中国有 10 个区域贸易协定正在谈判中④，还有 8 个正在进行可行性研究⑤。这些区域贸易协定，普遍包含货物贸易的进口关税削减，部分自由贸易协定也把服务贸易包含在关税削减的范围内。以《区域全面经济伙伴关系协定》为例，协议规定，15 个成员国之间采用双边两两出价的方式对货物贸易自由化作出安排，协定生效后区域内 90% 以上的货物贸易将最终实现零关税，且主要是立刻降税到零和 10 年内降税到零，使 RCEP 有望在较短时间兑现所有货物贸易自由化承诺。而在服务贸易方面，中国服务贸易开放承诺达到了中国现有区域贸易协定的最高水平。中国承诺服务部门数量在中国加入 WTO 承诺约 100 个部门的基础上，新增了研发、管理咨询、制造业相关服务、空运等 22 个部门，

---

① 15 个国家分别是中国、日本、韩国、新加坡、马来西亚、泰国、越南、菲律宾、文莱、缅甸、老挝、印度尼西亚、柬埔寨、澳大利亚和新西兰。

② 中国自由贸易区服务网（http：//fta. mofcom. gov. cn/article/rcep/rcepnews/202011/43720_1. html）。

③ 区域贸易协定（Regional Trade Agreement，RTA）是指两个或两个以上的国家，或者不同关税地区之间，为了消除成员间的各种贸易壁垒，规范彼此之间贸易合作关系而缔结的国际条约。因此，两个国家之间签署的自由贸易协定也被视作区域贸易协定。

④ 包括中国—海合会自由贸易协定、中日韩自由贸易协定、中国—斯里兰卡、中国—挪威、中国—以色列、中国—新西兰、中国—摩尔多瓦、中国—巴拿马、中国—韩国自由贸易协定第二阶段、中国—巴勒斯坦和中国—秘鲁自由贸易协定升级。

⑤ 分别是中国—斐济自由贸易协定、中国—哥伦比亚、中国—尼泊尔、中国—巴布亚新几内亚、中国—孟加拉国、中国—蒙古国、中国—瑞士自由贸易协定升级和中国—加拿大。由于《美墨加贸易协定》规定，成员国与域外国家签署区域贸易协定必须得到其他成员国的同意，基于当前的中美关系和中加关系，中国—加拿大自由贸易协定的可行性已经很小。

并提高了金融、法律、建筑、海运等37个部门的开放程度。通过解读这些区域贸易协定的文本，能够明显看出中国为推进贸易自由化所出台政策的力度。

表3–1　　　　　　　　　　中国已签署的区域贸易协定

名称	状态	签署时间	生效时间	成员国
中国—塞尔维亚	已签署	2023/10/17		中国、塞尔维亚
中国—尼加拉瓜	已生效	2023/8/31	2024/1/1	中国、尼加拉瓜
中国—厄瓜多尔	已签署	2023/5/11		中国、厄瓜多尔
《区域全面经济伙伴关系协定》	已生效	2020/11/15	2022/1/1	东盟十国、中日韩、澳大利亚、新西兰
中国—柬埔寨	已生效	2020/10/12	2022/1/1	中国、柬埔寨
中国—毛里求斯	已生效	2019/10/17	2021/1/1	中国、毛里求斯
中国—马尔代夫	已签署	2017/12/7		中国、马尔代夫
中国—格鲁吉亚	已生效	2017/5/13	2018/1/1	中国、格鲁吉亚
中国—澳大利亚	已生效	2015/6/17	2015/12/20	中国、澳大利亚
中国—韩国	已生效	2015/6/1	2015/12/20	中国、韩国
中国—瑞士	已生效	2013/7/6	2014/7/1	中国、瑞士
中国—冰岛	已生效	2013/4/15	2014/7/1	中国、冰岛
中国—哥斯达黎加	已生效	2010/4/8	2011/8/1	中国、哥斯达黎加
中国—秘鲁	已生效	2009/4/28	2010/3/1	中国、秘鲁
中国—新西兰（含升级）	已生效	2008/4/7	2008/10/1	中国、新西兰
中国—新加坡（含升级）	已生效	2008/10/23	2009/1/1	中国、新加坡
中国—智利（含升级）	已生效	2005/11/18	2006/10/1	中国、智利
中国—巴基斯坦（含第二阶段）	已生效	2006/11/24	2007/7/1	中国、巴基斯坦
中国—东盟（含"10+1"升级）*	已生效	2004/11/29	2005/1/1	中国、东盟十国

注：* WTO提供的中国—东盟自由贸易协定的时间不准确。2004年11月29日，双方签署《中国—东盟全面经济合作框架协议货物贸易协议》，而《中国—东盟全面经济合作框架协议》签署于2002年11月4日。
资料来源：中国自由贸易区服务网。

但是，与中国的贸易体量和在国际贸易中的地位相比，中国签署的区域贸易协定的数量偏少且集中于中国周边。随着中国与域外国家经贸关系的进一步加强，欧洲和南美洲有望成为中国拓展区域自由贸易的潜在方向。另外，就成员国的发展程度而言，中国参与的区域贸易协定的成员国以发展中国家为主，只和澳大利亚、新西兰、瑞士和冰岛这四个发达国家签署了双边自由贸易协定（也属于区域贸易协定），并通过 RCEP 间接与日本实现了自由贸易。虽然中国和欧盟在 2020 年 12 月 30 日完成了《中欧投资协定》的谈判，但双方的区域贸易协定却迟迟没有提上日程。

三、贸易自由化水平的跨国比较

除了从历史角度纵向分析中国的贸易自由化进程，与其他国家的横向比较对于研究中国的贸易自由化问题也是非常必要的。发达国家的市场经济起步早，经过数百年的实践，贸易自由化水平比较高，这也是中国进一步推进贸易自由化的潜在目标。然而，当前的中国仍然是一个发展中国家，在进行跨国比较时，选择与中国发展程度相近的国家往往更有价值。因此，分别选取了一些发达国家和发展中国家，将这些国家的贸易自由化水平与中国进行横向比较。

金砖国家作为新兴经济体的代表，在经济方面有诸多的相似性。图 3 - 3 是金砖国家的最终品平均关税水平。受限于数据，仅对 2006—2021 年的平均关税水平进行比较。如图 3 - 3 所示，南非的平均关税保持在 7% ~ 8% 之间。俄罗斯的平均关税在此期间呈明显的下降趋势，从 2007 年的 11% 下降到 2021 年的 6.86%。值得注意的是，2012 年 8 月，俄罗斯正式加入 WTO，与 2001 年前后中国的情况类似，俄罗斯大幅削减了进口关税。又因为俄罗斯是以发达国家的身份加入 WTO，所以加入 WTO 以后其平均关税要低于中国等发展中国家。印度的关税一直保持在 12% 以上，在 2017—2019 年呈上升态势，最高达到 17.6%，远高于其他金砖国家，2021 年下降至 14.85%。巴西的平均关税在 11% ~ 14% 之间波动，总体上比较稳定。2007 年，金砖国家平均关税从低到高分别是南非、中国、俄罗斯、巴西和印度；而到了2021 年，平均关税水平由低到高变成了俄罗斯、中国、南非、巴西和印度。

由此可知，与其他金砖国家相比，中国的贸易自由化水平处在相对较高的位置，印度的贸易自由化水平在五国中垫底。

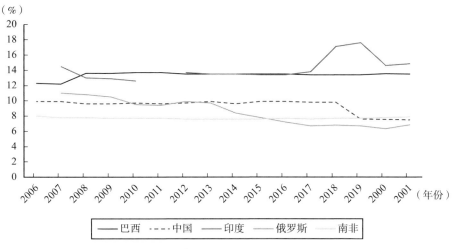

图 3 - 3 金砖国家的最终品平均关税水平

资料来源：根据世界银行 WITS 数据库的统计数据整理绘制，根据 HS8 位码的细分商品关税数据进行简单平均计算得出，俄罗斯缺少 2006 年的数据，印度 2006 年和 2011 年的数据缺失。

鉴于中国周边国家在经济发展模式上也比较接近，因而也需要比较中国与周边国家的最终品平均进口关税。如表 3 - 2 所示，中国的平均关税水平在本区域内处于中等水平。新加坡作为世界著名的自由贸易港，大部分时间实行零关税政策，对进口商品一律按免税处理。只有在 2012—2013 年以及 2020—2021 年，新加坡对部分商品征收了极低的进口关税。日本、印度尼西亚、菲律宾的平均关税低于中国，韩国作为曾经的"亚洲四小龙"之一，人均收入位居世界前列，部分国际组织已经将其划入发达国家的行列。但是，韩国却维持了较高的最终品平均关税，十几年间关税始终保持在 12%以上。越南经济近年来保持了高速增长，在疫情肆虐的 2020 年，越南 GDP 增长了 2.9 个百分点，表现非常抢眼。越来越多的跨国企业开始在越南设厂，甚至出现了越南将取代中国成为世界工厂的言论。越南所取得的成就，与其不断提升的对外开放程度密切相关，其平均关税从 2006 年的 16.8%下降到 2021 年的 9.72%，就是越南政府积极推进贸易自由化的最好证明。

表3-2　　　　　　　　中国与周边国家的最终品平均关税比较

年份	中国	印度尼西亚	日本	韩国	马来西亚	菲律宾	新加坡	泰国	越南
2006	9.9	6.9	5.6	12.1	8.5	6.3	0	10	16.8
2007	9.9	6.9	5.1	12.2	8.4	6.3	0	10.5	16.8
2008	9.6		5.4	12.2	8.8	6.3	0		
2009	9.6	6.8	4.9	12.1	8	6.3	0	9.9	10.9
2010	9.7	6.8	4.4	12.1	6.5	6.3	0	9.9	9.8
2011	9.6	7	5.3	12.1		6.1	0	9.8	
2012	9.7	7	4.6	13.3	6.5	6.2	0.2		9.5
2013	9.9	6.8	4.9	13.3	6	6.3	0.2	11.4	9.5
2014	9.6	6.9	4.2	13.3	6.1	6.3	0.2	11.6	9.5
2015	9.9		4	13.9		6.3	0.2	11	9.5
2016	9.9	7.9	4	13.9	5.8	6.3	0		9.6
2017	9.8	8.1	4	13.7	5.6	6.3	0	9.6	9.6
2018	9.8	8.1	4.4	13.7		6.2	0		9.5
2019	7.6	8.1	4.3	13.6	5.6	6.1	0	10.2	9.6
2020	7.56	8.10	4.99	14.06	5.62	6.17	0.08		9.74
2021	7.49	8.1	4.84	13.8	5.61	6.16	0.08	12.13	9.72

资料来源：世界银行 WITS 数据库。

　　二十国集团（G20）① 自 2008 年成立以来，对维护世界经济稳定运行和促进经济增长作出了重大贡献，已经成为国际经济合作的主要论坛。二十国集团的 GDP 总量约占世界的 90%，人口约为 40 亿，涵盖了全球最主要的经济体，由发达国家和发展中国家共同组成。因此，我们也将中国的关税水平与其他 G20 成员进行了横向比较。从表 3-3 可以明显看出，澳大利亚的平均关税最低；美国、加拿大、欧盟和沙特阿拉伯的平均关税也比较低；土耳其的平均进口关税率与中国接近；阿根廷实施了较高的进口关税；墨西哥的关税在此期间呈现出明显的下行趋势。

---

　　① 包括中国、日本、韩国、沙特阿拉伯、土耳其、印度尼西亚、印度、澳大利亚、美国、加拿大、墨西哥、英国、法国、德国、意大利、巴西、阿根廷、俄罗斯、南非和欧盟。

表3-3 二十国集团的最终品平均关税水平比较

年份	中国	阿根廷	澳大利亚	加拿大	墨西哥	沙特阿拉伯	土耳其	美国	欧盟
2006	9.9	12.2	3.5	5.5	14	5.2	9.6	3.5	5.4
2007	9.9	12	3.5	5.5	12.6	5	10	3.5	5.2
2008	9.6	11.6	3.5	4.7	12.6	5.2	9.8	3.5	5.6
2009	9.6	12.6	3.5	4.5	11.5	4.8		3.5	5.3
2010	9.7	12.6	2.8	3.7	9		9.9	3.5	5.1
2011	9.6	13.6	2.8	4.5	8.3	4.9	9.6	3.5	5.3
2012	9.7	12.5	2.7	4.3	7.8	5.1		3.4	5.5
2013	9.9	13.4	2.7	4.2	7.9	4.8	10.7	3.4	5.5
2014	9.6	13.6	2.7	4.2	7.5	5.1	10.7	3.5	5.3
2015	9.9	13.6	2.5	4.2	7.1	5.1	10.8	3.5	5.1
2016	9.9	13.7	2.5	4.1	7		10.9	3.5	5.2
2017	9.8	13.7	2.5	4	6.9	5.8	10.9	3.4	5.1
2018	9.8	13.7	2.5	4	7	5.3	10.7	3.5	5.2
2019	7.6	13.5	2.4	3.9	7.1		10	3.3	5.1
2020	7.56	13.13	2.45	3.26		5.77	10.68	3.52	4.32
2021	7.49	13.1	2.45	3.16			10.78	3.59	

注：图3-3和表3-2已经列出了部分国家的数据，这里不再重复。欧盟作为一个关税同盟，所有成员国对外实行统一的进口关税，因此，世界银行只给出了欧盟的数据。

资料来源：世界银行WITS数据库。

综合图3-1、表3-2和表3-3可得，就最终品平均关税水平而言，中国的贸易自由化水平与发达国家相比尚存在一定差距，但已经走在发展中国家的前列。

区域贸易协定是实现贸易自由化的另一条路径。因此，有必要从区域贸易协定的视角将中国与其他主要经济体进行比较。在横向比较的过程中，既要考虑签署区域协定的数量，也要考虑区域贸易协定的缔约方，具体结果见图3-4。

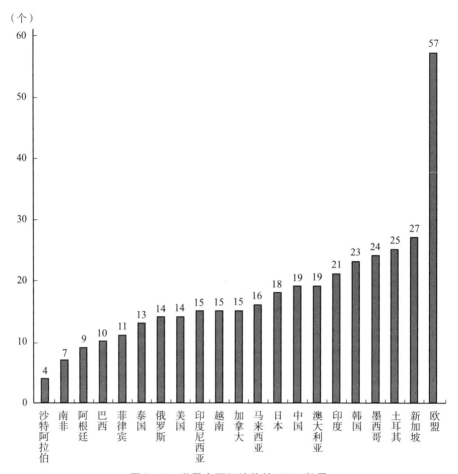

图 3 – 4　世界主要经济体的 RTA 数量

资料来源：仅包含截至 2021 年已生效的 RTA，根据世界贸易组织 RTA 数据库的统计数据整理绘制。

　　图 3 – 4 表明，截至 2024 年 1 月，中国参与的区域贸易协定数量在 21 个经济体中排在并列第八位，与澳大利亚同为 19 个。排在中国前面的分别是欧盟（57 个）、新加坡（27 个）、土耳其（25 个）、墨西哥（24 个）、韩国（23 个）、印度（21 个）。美国、日本和欧盟作为世界上最重要的几个经济体，是发达国家的代表，因而在比较 RTA 数量的同时，也应该把是否与这三方签署 RTA 作为重要参考。中国目前与三方没有签署双边自贸协定。南非与欧盟的自贸协定于 1999 年 10 月 11 日签署，2000 年 1 月 1 日正式生

效。印度与日本的自贸协定于2011年2月16日签署，当年4月1日正式生效。土耳其与欧盟的自贸协定于1995年3月6日签署，1996年1月1日正式生效。越南和欧盟的自贸协定于2019年6月30日签署，2020年4月1日正式生效；越南与日本的自贸协定于2009年10月1日正式生效。此外，日本与印度尼西亚、墨西哥、马来西亚、菲律宾、东盟之间的RTA也已经实现。韩国与美国、欧盟之间都已经通过RTA实现了绝大多数商品的自由贸易。

因此，中国在RTA方面还存在非常大的发展空间，一些周边国家已经走在了中国前面。为了进一步推进区域贸易自由化，中国应积极申请加入《全面与进步跨太平洋伙伴关系协定》（CPTPP），加快中日韩自贸区的谈判进程。另外，借着中欧投资谈判这股东风，双方也应尽快启动中国—欧盟自由贸易协定的可行性研究。

第二节　中国的劳动力就业现状及特征

就业是中国最大的民生问题，是国民获取收入的主要渠道，也是实现双循环新发展格局的重要动力来源。因此，有必要对中国的就业现状及特征进行系统和全面的分析。本节分别从就业规模、就业结构、就业者特征、工资水平、工作强度等角度分析了中国的就业现状及其变化特征。通过现状分析可以找出中国就业领域存在的问题，也可以为后续的实证分析提供事实基础。

一、中国的就业规模现状

从图3-5来看，2000年以来，中国的劳动力数量总体上呈上涨趋势，从2000年的7.4亿人增加到2022年的7.69亿人，二十多年增长了3.92个百分点。根据国家统计局的数据，同期中国的总人口增长了11.39个百分点，从2000年的12.67亿人增加到2022年的14.12亿人，增加了1.44亿人。中国的就业人数经历了一个先上升后下降的过程，2014年达到峰值

7.76 亿人, 之后开始下降。2000—2022 年, 中国的就业人数增加了 1266 万人, 增长了 1.75 个百分点, 但就业人数的增速低于总人口和劳动力的增长速度。相应地, 就业者占劳动力的比重在近二十年总体呈下降态势, 2004 年达到峰值 98.64%。随后开始下降, 2009 年跌破 98%, 2011 年跌破 97%, 2014 年跌破 96%, 下降到 95.43%。就业人数占总人口的比重经历了一个先上升后下降的过程, 从 2000 年的 56.87% 增加到 2004 年的 57.13%, 随后一路下跌, 2022 年跌至 51.96%。造成这一现象的可能原因是中国的平均受教育年限延长, 尤其是高等教育的发展。根据国家统计局的数据, 中国每十万人口高等学校平均在校生数从 2000 年的 723 人增加到 2022 年的 3510 人, 二十多年间增长近 5 倍。高校在校生的年龄普遍超过 16 岁, 这意味着他们已经达到从事劳动的合法年龄, 在各项统计中将被计入劳动力数量。但是, 由于尚未完成学业, 他们无法就业。因此, 高校在校生比例的提高无疑会拉低就业劳动力占比和就业总人口占比。

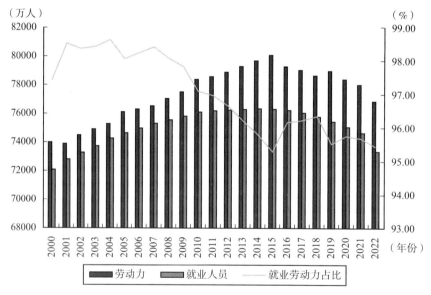

图 3-5 中国的就业规模

资料来源: 根据国家统计局的统计数据整理绘制。

二、中国的就业结构现状

中国自古以来是农业大国，因而第一产业吸收了大部分就业。但是，随着中国不断推进社会主义现代化建设和工业化进程，第一产业的比重显著下降，第二产业和第三产业逐渐兴起，这种产业结构的变化也反映在就业人员在三大产业的分布。如图 3-6 所示，第一产业的就业占比明显下降，2000 年，第一产业的就业比重高达 50% 以上，即中国有一半的就业人员在从事与农业相关的工作。但是，伴随着中国对外开放程度的提高，就业结构也在向着发达国家的方向发展。第一产业就业占比在 2003 年首次下降到 50% 以下，2008 年跌破 40% 关口，2014 年，第一产业就业占比已不足三成，而到了 2022 年，只有 1/4 的就业人员在从事农业生产相关的工作。

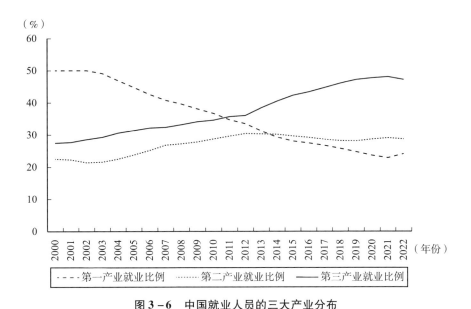

图 3-6 中国就业人员的三大产业分布

资料来源：根据国家统计局的统计数据整理绘制。

与第一产业形成鲜明对比的是第三产业，其就业占比大幅上涨。2000

年，第三产业吸收的就业人数仅占总就业人数的 27%，此后一路上涨，2004 年突破 30%。2014 年，第三产业就业占比首次突破 40%。2022 年，这一比重已经增加到 47%，与第一产业、第三产业不同，第二产业的就业比重比较稳定，除 2012—2014 年超过 30% 外，其余年份在 20%～30% 之间来回波动。通过对比可以发现，第一产业释放的劳动力绝大多数进入第三产业。第三产业主要是服务业，包含了众多小微企业和个体企业，随着国内消费需求的增长，这些企业如雨后春笋般大量涌现，吸收了大批从农业生产中脱离出来的劳动者。

随着第一产业就业占比的下降。大量农村劳动力进入城镇寻找就业机会，这就导致中国的就业人员城乡分布发生了显著的变化。国家统计局的数据表明，2000 年，农村的就业人数占总就业人数的近七成，高达 67.88%。之后，伴随着农民工进城和越来越多的农村学生选择在城市工作，农村的就业占比开始大幅下降，2013 年首次跌破 50%，到了 2022 年，这一比例下降到 37.38%。城镇由于接收了来自农村的劳动者，其就业占比从 2000 年的 32.12% 上升到 2022 年的 62.61%。

随着城镇就业占比变化的，还有城镇就业在不同经济类型中的分布。从图 3-7 可以看出，变化最大的是国有企业。2000 年国有企业是城镇就业的主力军，吸收了 54% 的城镇就业人员，而到了 2019 年，这一比例只剩下 13%，下降幅度高达 76%，而这一变化主要受国企改革的影响。与国有企业形成鲜明对比的是私营企业和个体就业，私营企业的就业占比从 2000 年的 9% 提升至 2019 年的 34%，二十年翻了近 3 倍；个体就业占比则从 2000 年的 14% 增加到 2019 年的 27%，近乎翻倍。集体企业作为公有制经济的重要组成部分，其就业占比从 21 世纪初的 10% 下降到 2019 年的 1%。2000 年，在有限责任公司工作的人数仅占城镇就业的 5%，但是经过二十年的发展，已经有 15% 的城镇劳动者选择有限责任公司作为自己的职业选择。其他经济类型的就业占比变化不大。值得注意的是，国有企业和集体企业作为公有制经济的代表，通过观察二者就业占比的变化，可以发现，公有制经济吸收的就业越来越少，非公有制经济对劳动者的吸引力上升。当然，这与中国大力推行市场化改革和鼓励非公有制经济发展高度相关。

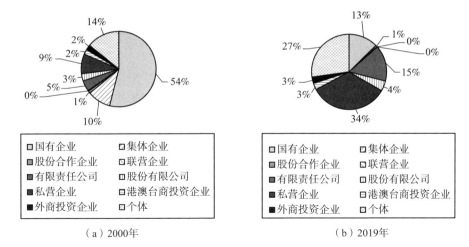

（a）2000年　　　　　　　　　　　（b）2019年

图3-7　2000年与2019年城镇就业结构（按经济类型划分）

资料来源：根据国家统计局的统计数据整理绘制。2019年之后，私营企业和个体就业人数未在国家统计年鉴中公布，故样本数据截至2019年。

与城镇相比，农村地区的就业统计难度更大，所以数据远不及城镇就业数据完善。针对农村就业，国家统计局只给出了私营企业和个体就业的就业数据，而两者只占农村就业人数的很小一部分。农村的私营企业多指乡镇企业，近年来受国家的各项扶持政策影响，乡镇企业发展很快，并且在解决农村就业方面扮演着日益重要的角色。农民就近就业不仅能够稳定农业生产，对于缓解留守儿童等一系列问题也有很大帮助。同时，发展乡镇企业也是国家实施乡村振兴战略的题中之义。从数据来看，农村私营企业的就业占比从2000年的2.33%迅速增加到2019年的24.88%；而个体就业的就业比重从2000年的6%增长至2019年的18.06%。

城镇就业结构的另一种划分方法是就业人员的行业分布，通过观察图3-8，可以明显看出城镇就业的行业变化。制造业一直是吸收就业最多的行业，但是，从就业占比来看，制造业的比重从2003年的27.16%下降到2022年的22.39%。得益于较高的社会地位，以及事业编制带来的工作稳定性，教育行业曾备受求职者青睐。2003年，这一行业的就业占比排在第二位，但是到了2022年，教育行业的吸引力有所下降，已经下滑到第三位。随着各地房地产业的发展，建筑工地成为农民工在城市的主要就业地点。相应地，

2003 年，房地产业的就业人数在 19 个国民经济行业中排在倒数第三位，占比只有 1.09%。而到了 2022 年，房地产的就业人数已经位列第十一位，占比达到 3.06%。第一产业并不是农村的专属，在城镇地区，也存在一定规模的农业。2003 年，有 4.42% 的城镇劳动力从事农业生产，而到了 2022 年，这一比重已不足 1%。

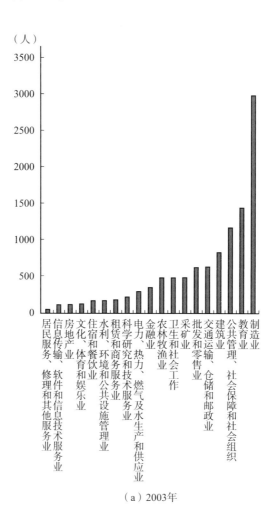

（a）2003年

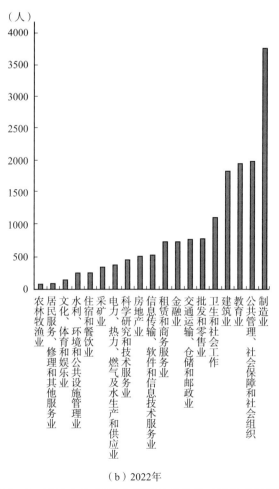

（b）2022年

图 3 - 8　2003 年与 2022 年城镇就业结构（按行业划分）

资料来源：根据国家统计局的统计数据整理绘制。

　　中国的就业结构在省份层面存在异质性。中国幅员辽阔，由于自然条件等原因，各地区的经济发展水平、经济结构都存在很大的差异，每个地区的就业结构自然也不尽相同。表 3 - 4 列出了 2003 年和 2021 年中国 31 个省（自治区、直辖市）（未列出香港、澳门和台湾的数据）的就业结构，划分标准是经济类型。2003 年，河北、山西、吉林、江西、湖南、广西、海南、贵州、西藏、甘肃、云南和新疆的国有企业就业占比都超过了 50%，表明国有企业在这些省份占据主导地位，是当地经济发展的主要动力来源。占比最高的是甘肃，高达 62.9%。紧随其后的贵州也超过了 60%。在国有企业就业超过一半的省份中，只有河北和海南属于东部地区，西部地区有 6 个，中部地区有 4 个。国有企业就业占比最低的省份是浙江，只有 24.1%，这得益于浙江发达的民营经济。私营企业和个体企业作为非公有制经济的代表，是劳动力市场的重要参与者。2003 年私营和个体企业就业占比最高的 5 个省份别是浙江、青海、辽宁、广东和江苏，除青海属于西部地区，其他 4 个都是东部省份。排名最低的是河南，私营企业和个体企业的就业占比只有 16.5%，远低于全国平均水平（30.4%）。

表 3-4　　　　　　　　各地区就业结构（按经济类型）　　　　　　单位：%

省份	2003 年				2021 年		
	国有企业	集体企业	其他单位	私营企业和个体企业	国有企业	集体企业	其他单位
全国	43.6	6.3	19.6	30.4	33.1	1.5	65.4
北京	30.9	4.4	36.1	28.7	20.5	1.2	78.3
天津	36.9	5.7	35.1	22.3	26.1	0.8	73.2
河北	58.2	6.7	12.9	22.2	45.2	1.8	53.0
山西	55.8	8.5	13.9	21.8	38.5	1.2	60.4
内蒙古	47.9	4.5	16.8	30.8	49.1	0.7	50.2
辽宁	37.6	5.9	15.6	40.8	38.9	1.7	59.4
吉林	55.3	7.5	14.9	22.3	46.8	0.4	52.8
黑龙江	49.9	8.1	17.0	24.9	50.8	0.7	48.6
上海	31.4	4.0	30.2	34.4	13.9	1.2	84.9
江苏	33.0	5.7	24.6	36.7	22.2	2.4	75.4
浙江	24.1	4.3	24.5	47.1	22.3	0.7	77.1
安徽	40.1	7.8	16.1	36.0	31.8	1.3	66.9
福建	32.2	5.2	35.5	27.1	26.0	1.4	72.6
江西	53.2	5.5	11.0	30.3	38.6	1.8	59.6
山东	43.9	6.7	18.2	31.2	34.4	1.6	64.0

省份	2003 年				2021 年		
	国有企业	集体企业	其他单位	私营企业和个体企业	国有企业	集体企业	其他单位
河南	47.4	13.9	22.2	16.5	38.6	2.1	59.3
湖北	48.4	5.7	17.2	28.7	36.2	1.2	62.6
湖南	52.1	5.7	9.0	33.2	40.8	2.2	57.0
广东	29.1	6.1	25.2	39.7	20.4	1.7	77.8
广西	52.2	6.0	12.4	29.4	45.7	1.5	52.8
海南	51.6	3.6	9.5	35.3	38.0	0.9	61.1
重庆	39.0	6.1	20.8	34.2	31.9	1.2	66.9
四川	47.5	7.4	18.4	26.7	35.2	1.7	63.1
贵州	61.0	5.9	14.2	18.9	51.8	0.8	47.4
云南	54.1	4.6	14.3	27.0	53.7	3.1	43.1
西藏	59.7	1.9	2.6	35.9	60.1	0.6	39.3
陕西	49.4	4.8	9.9	35.9	39.4	1.9	58.7
甘肃	62.9	6.2	7.9	22.9	53.0	2.0	45.0
青海	46.8	3.4	7.7	42.1	53.5	0.9	45.6
宁夏	48.7	2.8	23.5	25.0	50.4	0.6	49.0
新疆	55.7	2.4	14.1	27.8	57.9	0.5	41.5

资料来源:《中国劳动统计年鉴》。由中国人力资源和社会保障部编制,2018 年私营企业和个体就业的数据被归入其他单位进行统计。

2021 年,所有省份的就业结构都发生了显著的变化。虽然全国的国有企业就业占比从 43.6% 下降到了 33.1%,但仍有 8 个省超过一半的工作岗位由国有企业提供,全部来自中西部地区。个别省份的国有企业就业占比甚至不降反升。以西藏为例,国有企业就业占比从 2003 年的 59.7% 增加到 2021 年的 60.1%,高居全国第一。内蒙古、辽宁、青海、宁夏、黑龙江和新疆的国有企业在劳动力市场的地位也同样得到了提升。而上海国有企业提供的就业机会已经不到 20%。从其他单位的占比来看,上海已经超过 80%,另有 23 个省超过了 50%,民营经济非常活跃。就区域而言,其他单位就业占比最高的 5 个都是东部省份,而西部地区的排名则比较靠后。

三、中国的就业者特征现状

(一) 性别特征

随着越来越多的女性进入职场，女性在劳动力市场遭遇的性别歧视备受公众关注。这种就业性别歧视既包括就业机会的不平等，也包括薪资待遇、岗位晋升等方面的不平等。因此，我们力图通过现实的就业数据，来分析中国就业人员的性别特征，并探讨劳动力市场中的性别差异。

图3-9显示，2003—2021年，城镇中女性就业人数逐年增长，从2003年的4156.1万人增长到2021年的6852万人，增加了64.87个百分点；而同期的男性就业人数经历了一个先上升后下降的过程，从2003年的6813.6万

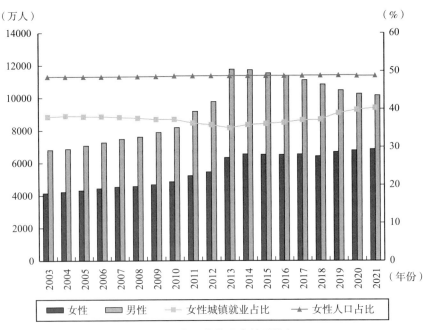

图3-9 中国的就业者性别特征

资料来源：根据《2022年中国劳动统计年鉴》整理绘制。

人增至 2013 年的 1.177 亿人，而后下降到 2021 年的 1.016 亿人，18 年间增加了 49 个百分点，增幅小于女性。女性的城镇就业占比在 18 年间呈先下降后上升的趋势，最小值是 2013 年的 35%，最大值是 2021 年的 40%。这表明，在城镇中，男性是就业主力军，占比在大部分年份超过六成，女性的就业机会要小于男性。我们也比较了女性城镇就业占比与同期的女性总人口占比，发现女性的总人口占比在 48.5% ~ 48.9% 波动，比女性的城镇就业占比至少高出 8 个百分点。因此，女性的城镇就业占比与女性的人口基数并不相符。

除了关注女性的总体就业占比，还需要考察具体行业的就业者性别特征。如图 3 - 10 所示，2003 年，女性占比最高的行业是卫生和社会工作，女性占 58.56%，该行业要求就业者必须细心认真，女性在这方面往往更具优势；排在第二位的是住宿和餐饮业，占 55.2%。女性占比过半的只有这两个行业，其余行业的女性人数都要少于男性。排在第三位的是教育业，女

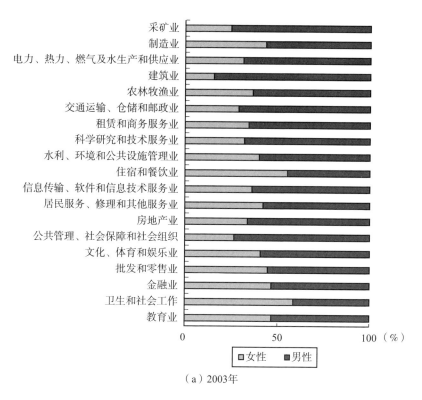

（a）2003年

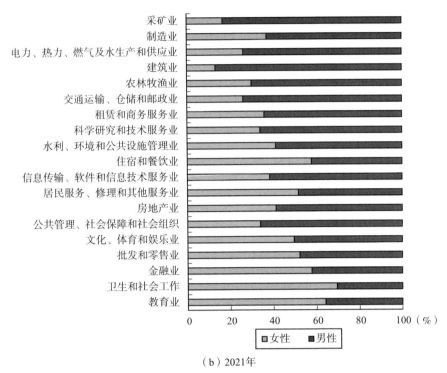

（b）2021年

图 3 – 10　城镇分行业就业性别特征

资料来源：根据《2022 年中国劳动统计年鉴》整理绘制。2003 年，统计局对国民经济行业分类进行了调整，因此，在涉及行业分析的部分，使用的都是 2003 年以后的数据，以方便比较。

性占 46.63%。建筑业的女性占比最低，只有 15.4%。2021 年，女性在劳动力市场的地位较 2003 年明显提升。女性占比过半的行业从两个变成六个，其中卫生和社会工作占 69.39%，教育业占 63.97%，住宿和餐饮业占 57.67%，金融业占 57.67%，批发和零售业占 52.11%，居民服务、修理和其他服务业占 51.57%。尤其是金融业作为高薪行业，女性的从业者数量已经超过男性。女性占比最少的依然是建筑业和采矿业，占比不足四成。纵向来看，女性就业占比提升最大的是教育业，其次是卫生和社会工作，排在第三位的是金融业；下降最多的是采矿业，其次是制造业。

综合图 3 – 9 和图 3 – 10，发现劳动力市场上的性别歧视现象确实存在，但是在行业之间存在异质性。通过不同年份的数据对比，可以看出这种现象在部分行业已经有所改善，但仍然存在很大的改进空间。

（二）年龄特征

图 3－11 是 2021 年全国就业者的年龄构成。从全国总体来看，人数最多的是 30～34 岁的就业人员，占就业总数的 14.6%。人数排在第二位的是 45～49 岁的就业者，占总就业人数的 13.2%。占比超过 10% 的还有 25～29 岁、35～39 岁、40～44 岁和 50～54 岁的就业者。分性别来看，无论是男性还是女性，人数最多的都是 30～34 岁的就业者，但是，对于 50 岁以上的就业者，男性的比例要高于女性，这与二者的法定退休年龄有关。2021 年，男性的法定退休年龄是 60 岁，女性是 55 岁。总体而言，25～54 岁的人是中国就业的主力军，未来随着法定退休年龄的延长，就业的年龄结构可能会随之改变。

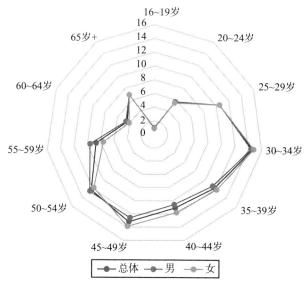

图 3－11 2021 年全国就业人员年龄构成

资料来源：根据《2022 年中国劳动统计年鉴》整理绘制。

（三）受教育程度

除了性别和年龄特征，劳动者的受教育程度也是研究中国就业现状的重要指标。如图 3－12 所示，2003 年，有 2.63% 的城镇就业人员未上过学，小学学历占 12.57%，初中学历占 39.72%，在所有学历中占比最高；27.4% 的城镇就业人员具有高中学历。在高等教育方面，具有大专、大学本科和研究生学历的从业人员占比分别是 12.23%、5.2% 和 0.25%。本科生和研究生的比例很低，尤其是研究生，占比还不到 1%。分性别来看，女性就业者未上过学和小学学历的比例高于男性，但其他几种学历的比例都比男性就业人员低。2021 年，有 2.3% 的城镇就业人员未上过学，小学和初中的比例分别是 15.8% 和 41%，有 17.8% 的城镇就业人员具有高中学历，受过高等教育的城镇就业人员已达 23.1%，其中大学专科的比例为 11.5%，而大学本科的比例超过了 10%，达到 10.3%，而研究生的比例也突破了 1%，达到 1.3%。

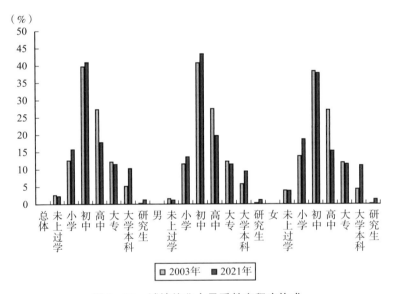

图 3－12　城镇就业人员受教育程度构成

资料来源：根据《2022 年中国劳动统计年鉴》整理绘制。

2021 年，女性的受教育程度明显提高，尤其是在高等教育层面。城镇女性就业者中具有大专学历的比例比男性高 0.1%，具有本科学历的比例比男性高 1.7 个百分点，具有研究生学历的比例比男性高 0.2%，全面超过男性。此外，女性未上过学和小学的比例比男性高，但男性在初中、高中、中等职业教育和高等职业教育的比例高于女性就业者。

纵向来看，2021 年与 2003 年相比，未上过学的比例下降 0.33 个百分点①，小学、初中的比例分别上升 3.23%、1.28%，而高中的比例下降 9.6%。高等教育中，大专的比例下降 0.73%、研究生的比例上升 1.05%。增长最快的是本科生的占比，增加了 5.1%。2021 年城镇就业者中有 23.1% 的人上过大学（包括高等职业教育、大专、本科和研究生），而 2003 年只有 17.68%，增加 5.42%，这表明中国的大学生数量确实是显著增加了，随着大学生人数的增加，上大学所带来的边际收益也随之下降。

如果把行业和受教育程度结合起来，可以发现更多信息。通过表 3-5 可以看出不同受教育程度就业人员的行业构成，从而发掘出各学历就业人员的行业偏好。对于那些未上过学的劳动者，有 43.7% 的人进入农、林、牧、渔业，因为该行业对就业人员的受教育程度的要求是所有行业中最低的；其次是制造业以及批发和零售业。初中学历的劳动者去向最多的三个行业分别是制造业、批发和零售业以及建筑业，其中制造业占 25.7%。高中学历的就业人员去向最多的三个行业是制造业、批发和零售业以及交通运输仓储和邮政业，其中制造业占 22.8%。对于大专学历的就业人员，17% 的人进入了制造业，紧随其后的是批发和零售业以及公共管理、社会保障和社会组织。具有本科学历的就业人员，去向最多的三个行业分别是公共管理、社会保障和社会组织，教育业及制造业，其中教育业占 17.9%，研究生去向最多的三个行业分别是教育业，公共管理、社会保障和社会组织及制造业，其中教育业占 24.5%。

表 3-5　　　　2021 年城镇按受教育程度分的就业人员行业构成

行业	总计	未上过学	小学	初中	高中	大学专科	大学本科	研究生
总计	100	100	100	100	100	100	100	100
农、林、牧、渔业	7.2	43.7	26.7	10.5	3.7	1	0.4	0.3
采矿业	0.9	0.3	0.5	0.8	1.2	1.1	0.9	0.7

---

① 这里指的是绝对下降，而不是相对下降。

续表

行业	总计	未上过学	小学	初中	高中	大学专科	大学本科	研究生
制造业	20.6	14.8	20.7	25.7	22.8	17	11	10.2
电力、热力、燃气及水生产和供应业	1.3	0.2	0.4	0.7	1.5	2.1	2.1	1.8
建筑业	8.9	8.7	14	12.6	7.5	5.8	4.3	1.8
批发和零售业	16	9.4	12.3	17.6	21.4	15.9	8.1	3.6
交通运输、仓储和邮政业	5.9	1.4	3.9	7.1	7.3	5.5	3.1	1.5
住宿和餐饮业	5.7	5.5	6.9	8.2	6.9	3.4	1.3	0.3
信息传输、软件和信息技术服务业	2.4	0.1	0.2	0.5	1.6	4.1	6.4	7.7
金融业	2.1	0.1	0.2	0.4	1.4	3.2	6.1	7.7
房地产业	2.4	2	1.7	1.8	2.9	3.3	2.4	1.3
租赁和商务服务业	3.1	0.8	1.1	1.9	3.1	4.8	4.9	5.1
科学研究和技术服务业	1.6	0.2	0.2	0.3	0.9	2.5	4.1	9.4
水利、环境和公共设施管理业	0.9	2.9	1.7	0.8	0.8	1	0.9	0.9
居民服务、修理和其他服务业	5.2	6	6.3	6.8	6.5	3.5	1.4	0.6
教育业	5.8	0.6	0.9	1.3	2.9	8.1	17.9	24.5
卫生和社会工作	3.1	0.7	0.6	0.7	2.3	5.9	7.7	8.9
文化、体育和娱乐业	1.2	0.3	0.5	0.7	1.2	1.7	2	1.8
公共管理、社会保障和社会组织	5.8	2.2	1.3	1.5	4.3	10	14.9	11.9

注：限于表格篇幅，行业名称用的是简称。
资料来源：《2022 年中国劳动统计年鉴》。

　　同等学历的男性和女性之间在行业选择上同样存在差异。男性本科生去向最多的三个行业是公共管理、社会保障和社会组织，制造业及教育业，而女性本科生则是教育业，公共管理、社会保障和社会组织，卫生和社会工作；男性研究生去向最多的三个行业分别是教育业，公共管理、社会保障和社会组织，制造业，而女性研究生则是教育业，公共管理、社会保障和社会组织，卫生和社会工作。

四、中国的就业者工资水平现状

就业的直接目的是获取工资收入，从而按照自身的规划进行消费和投资，进而提高自身的生活水平。因此，在研究就业问题时，工资水平是一个不容忽视的问题。表 3-6 表明，城镇就业人员的年平均工资从 2003 年的 13969 元增加到 2022 年的 114029 元，提高了 716.3%。但是，剔除掉通货膨胀的影响之后，2022 年城镇单位就业人员实际平均工资变为 22184 元，实际增加了 58.81 个百分点。分行业来看，2003—2022 年，实际工资增长最快的是批发和零售业，提升了 106.1 个百分点。采矿业的实际工资增长率排在第二位，提升了 73.49 个百分点，排在第三位的是农、林、牧、渔业，实际工资提升 66.67%。教育业、金融业以及卫生、社会保障和社会福利业的实际工资增长率也超过了城镇就业平均工资的实际增长率。虽然中国的房地产业发展得如火如荼，但是，房地产业的实际工资在 2003—2022 年仅增长 2.88%。

表 3-6　　　　　中国分行业城镇单位就业人员平均工资　　　　　单位：元

行业	2022 年	2003 年	名义增长率（%）	2022 实际工资	实际增长率（%）
城镇单位就业人员平均工资	114029	13969	716.30	22184	58.81
农、林、牧、渔业	58976	6884	756.71	11474	66.67
采矿业	121522	13627	791.77	23642	73.49
制造业	97528	12671	669.69	18974	49.74
电力、燃气及水的生产和供应业	132964	18574	615.86	25868	39.27
建筑业	78295	11328	591.16	15232	34.46
交通运输、仓储和邮政业	115345	15753	632.21	22440	42.45
信息传输、计算机服务和软件业	220418	30897	613.40	42882	38.79
批发和零售业	115408	10894	959.37	22452	106.10

续表

行业	2022 年	2003 年	名义增长率（%）	2022 实际工资	实际增长率（%）
住宿和餐饮业	53995	11198	382.18	10505	-6.19
金融业	174341	20780	738.98	33918	63.22
房地产业	90346	17085	428.80	17577	2.88
租赁和商务服务业	106500	17020	525.73	20719	21.74
科学研究、技术服务和地质勘查业	163486	20442	699.76	31806	55.59
水利、环境和公共设施管理业	68256	11774	479.72	13279	12.78
居民服务和其他服务业	65478	12665	417.00	12739	0.58
教育业	120422	14189	748.70	23428	65.11
卫生、社会保障和社会福利业	135222	16185	735.48	26307	62.54
文化、体育和娱乐业	121151	17098	608.57	23570	37.85
公共管理和社会组织	117440	15355	664.83	22848	48.80

注：国家统计局提供了城镇单位就业人员实际平均工资指数（上年＝100），其剔除了物价变动的影响。据此计算以 2003 年为基期的城镇单位就业人员实际平均工资指数（2003 年＝100），然后用 2022 年的名义工资除以实际工资指数，得到 2022 年的实际工资。

横向来看，2003 年，工资最高的五个行业分别是信息传输、金融业、科学研究、电力和娱乐业，第三产业占了四个；工资最低的三个行业分别是农、林、牧、渔业，批发和零售业，住宿和餐饮业。2022 年，工资排名发生了变化。信息传输业依然是工资最高的行业，第二位和第三位依旧是金融业和科学研究，卫生、社会保障和社会福利业排在第四位，文化、体育和娱乐业被挤出前五。教育业的平均工资从第十一位上升到第八位。2003 年排名倒数第二的批发和零售业上升到了第十位。房地产业的平均工资水平由于增速最慢，从 2003 年的第六位跌到 2022 年的第十五位。工资最低的三个行业是农、林、牧、渔业，住宿和餐饮业，居民服务和其他服务业。住宿和餐饮业的平均工资水平在所有行业中排名垫底，不足行业平均工资的一半，虽然在 2003—2022 年取得了 382.18% 的名义增长率，但其工资水平与其他行业的差距却越来越大。

工资差异不仅仅体现在行业层面，表 3-7 显示，实际平均工资水平因所在单位登记注册类型不同而变化。首先，在各种登记注册类型内部进行纵向比较，2000—2022 年，平均工资实际增长最快的是国有企业，实际增长率高达 71.1%；其次是集体单位，实际增长 63.03%；排在第三位的是股份合作企业，其实际平均工资最近二十年中增长 61.55%。工资增长最慢的是外商投资企业，实际增长率只有 14.24%，年均实际增长率只有 0.68%。可能的原因是外商投资企业的平均工资起点高，2000 年外商投资企业的平均工资就达到了 15692 元，是所有登记注册类型中最高的。虽然二十年只增长 14.24%，但其实际平均工资仍然是最高的。

其次，对同一年份的不同登记注册类型进行横向比较。2000 年，平均工资水平由高到低分别是外商投资企业、港澳台商投资企业、股份有限公司、联营企业、其他单位、有限责任公司、国有企业、股份合作企业、集体企业。到了 2022 年，实际工资水平发生显著变化，从高到低分别是外商投资企业、股份有限公司、港澳台商投资企业、国有企业、联营企业、有限责任公司、股份合作企业、其他单位、集体企业。国有企业的排名从九种登记注册类型中排的第七位上升为第四位。

表 3 - 7　　　　中国分登记注册类型城镇单位就业人员实际平均工资　　　单位：元

年份	城镇单位	国有企业	集体企业	股份合作企业	联营企业	有限责任公司	股份有限公司	其他单位	港澳台商投资企业	外商投资企业
2000	9333	9441	6241	7479	10608	9750	11105	9888	12210	15692
2001	9396	9579	5942	7325	10305	9561	10696	10310	11239	15224
2002	9299	9546	5739	7138	9348	9014	10383	7849	10670	14587
2003	9382	9643	5794	7091	9105	8972	10570	7166	10179	14115
2004	9694	10014	5921	7130	9267	9196	11043	6218	9887	13548
2005	9851	10272	6049	7474	9459	9207	10972	6078	9652	12787
2006	9999	10406	6168	7282	9532	9284	11690	6358	9434	12729
2007	10451	11034	6529	7446	10039	9446	12086	6883	9552	12511
2008	11036	11567	6914	8210	10531	10005	12995	7482	9961	13080
2009	10936	11576	6989	8486	9997	9731	13030	7337	9527	12583
2010	11287	11849	7417	9351	10484	10131	13628	7801	9879	12893

续表

年份	城镇单位	国有企业	集体企业	股份合作企业	联营企业	有限责任公司	股份有限公司	其他单位	港澳台商投资企业	外商投资企业
2011	11889	12368	8189	10450	10280	10698	14215	8522	10905	13900
2012	12204	12619	8816	11334	10982	10923	14679	9053	11509	14584
2013	12520	12806	9462	11833	10694	11362	14870	9316	12150	15363
2014	12786	12998	9697	12433	11134	11557	15295	9579	12689	15841
2015	12970	13653	9745	12622	10608	11391	15189	9816	12967	15954
2016	13241	14215	9901	12926	10475	11462	15341	9751	13228	16245
2017	13460	14690	10005	13016	11132	11572	15399	9855	13224	16311
2018	13744	14921	10117	12966	12025	12026	15562	10284	13679	16571
2019	14132	15443	9777	12657	11745	12416	16097	11138	14257	16646
2020	14454	16050	10181	12417	13149	12533	16117	10653	14866	16637
2021	14602	15797	10181	12334	12687	12739	16619	10434	15586	17224
2022	14900	16153	10175	12082	13063	12832	17211	10241	16312	17927

注：以 2000 年为基期，国家统计局提供了国有企业、集体企业和其他单位的实际工资指数（上年 = 100）。在计算实际工资时，国有企业和集体企业之外的七种登记注册类型都用其他单位的实际工资指数来计算实际平均工资。

五、中国的就业者工作强度现状

在评价每份工作的工资水平时，我们也必须考虑得到薪酬所需要面对的工作强度。此处用每周工作时间来衡量工作强度，一般而言，工作时间越长，工作强度相对越大。过长的工作时间不仅会对劳动者的身体和精神健康带来不利影响，也会减少劳动者的闲暇时间从而降低生活质量。图 3 - 13 显示，2021 年，33.2% 的城镇就业者每周工作 40 小时，如果按照一周工作五天来算，刚好是每天工作 8 小时，这是当前最合理的工作时间。但是，能够享有这种工作条件的人尚不足一半。有 35.1% 的城镇就业人员每周工作 48 小时以上，这部分人每周至少工作六天，"996" 模式也属于这一类。工作时间在 41~48 小时的占城镇就业总数的 23.8%，这部分人也同样无法实现正常的工作时间。每周工作 40 小时以下的人很少，只占 7.9%。与某些发达国家每周工作四天相比，中国的工作条件还有很大的提升空间，当然作为发展中国家，想要赶上并超过发达国家，必须比发达国家付出更多的努力，包括工作时间。

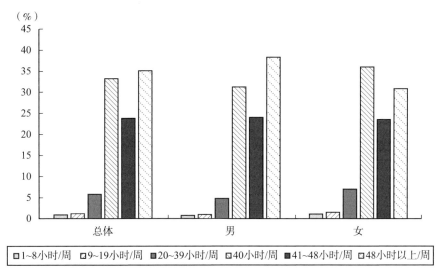

图 3 - 13　2021 年城镇分性别平均工作时间

资料来源：根据《2022 年中国劳动统计年鉴》整理绘制。

男性和女性的工作时间存在差异。有 38.3% 的男性每周工作超过 48 小时，而女性只有 30.8%，男性和女性工作时间在 41～48 小时的比例分别是 24% 和 23.5%。女性就业人员中能够享受到一周双休八小时工作制的比例比男性高出 4.8 个百分点。而女性工作时间低于 40 小时的比例也要高于男性。因此，总体上，男性的平均工作时间比女性长，工作强度大于女性。

第三节　中国的劳动力代际职业
流动现状及特征

本节将从微观个体数据入手，分析就业在代际层面的动态变化。近年来，随着中国收入差距的扩大，各种与职业代际传承高度相关的"二代"现象逐渐成为人们议论的焦点。综观各种"二代"现象可以发现，在中国社会日渐开放的同时，社会公平（包括就业公平）问题开始显现，得到了社会各界的广泛关注。各职业间流动渠道的不通畅，会直接影响到代际的收入流动，造成一系列严重的社会问题。

参考周兴和张鹏（2014）、郭丛斌和丁小浩（2004）、纪珽和梁琳（2020）的方法，通过公式（3-3）来测算中国的代际职业流动指数。

$$L_{ij} = \frac{F_{ij}}{\dfrac{\sum\limits_{i=1}^{n} F_{ij} \sum\limits_{j=1}^{m} F_{ij}}{\sum\limits_{i=1}^{n} \sum\limits_{j=1}^{n} F_{ij}}} \qquad (3-3)$$

其中，i 是父亲的职业，j 是子女的职业，F_{ij} 是父亲与子女职业对为 (i,j) 的频数。如果父亲的职业与子女的职业彼此独立，那么 F_{ij} 的观测值与独立假设下的期望值应趋于相等，即二者的比值应该接近于 1，否则将会不等于 1。因此，当 $i \neq j$ 时，L 表示代际职业流动指数；当 $i = j$ 时，L 表示代际职业传承指数。如果 $L > 1$，表明父亲职业为 i 的家庭中，子女从事 j 职业的可能性较高；如果 $L < 1$，则子女从事 j 职业的可能性较低。在此基础上，可以计算出职业流入指数和流出指数。代际职业流入指数为

$$I_j = \frac{\sum\limits_{i \neq j} F_{ij}}{n-1} \qquad (3-4)$$

代际职业流入指数衡量了子女进入与父亲不同职业的可能性。流入指数越小，表明这种职业的代际流动性越小，其他职业家庭子女进入这种职业的难度越大；反之，则表明代际职业流动性较强。

同理，我们也构建了代际职业流出指数，并通过该指标来衡量父亲从事 i 职业，而子女从事 i 以外职业的可能性。代际职业流出指数越大，表明该职业的代际流动性越强，父亲为此职业的子女流出该职业的可能性越大。

$$O_i = \frac{\sum\limits_{j \neq i} F_{ij}}{n-1} \qquad (3-5)$$

用 2010 年中国家庭追踪调查（CFPS）数据来测算代际职业流动指数。

CFPS 的职业分类采用的是国家标准职业分类（Chinese Standard Classification of Occupations，CSCO）的代码体系（GB/T 6565—2009），将职业分为七个大类①，从 1 到 7 分别是负责人（国家机关、事业单位和企业负责人），专业人员与技术人员，办事人员和有关人员，服务人员，农、林、牧、渔、水利业生产人员，生产、运输设备操作人员及相关人员，军人。无职业者在此不予考虑。选择从事某种职业的意义并不仅是获得相应的收入，更深层次的意义在于通过从事某种职业进入相应的社会阶层，从而获得相应的社会声望和地位。李春玲（2005）对各职业类型从低到高进行排序，认为职业阶层从低到高依次为：农民、工人、服务人员、商业工作人员、办事人员、专业技术人员和高级管理者。虽然 CFPS 的职业分类与李春铃（2005）并不是一一对应，但这也足以表明职业与社会阶层之间的关系。

根据 2010 年的 CFPS 数据和公式（3 - 3）~公式（3 - 5），计算出七类职业的代际流动指数，其中，由于军人的样本很少，导致一些涉及军人的流动指数数据缺失。当父亲职业与子女职业相同时，即为代际职业传承指数；当父亲职业与子女职业不同时，即为代际职业流动指数。从表 3 - 8 的计算结果来看，除了军人的代际传承指数缺失，其他六类职业的代际传承指数全都大于 1，这表明，子女有较大概率从事与父亲相同的职业。职业代际传承度最高的是办事人员，其次是专业人员，排在第三位的是负责人，其职业代际传承指数也超过了 2。代际职业传承度最低的职业是农业生产，这准确地反映了中国当前的现实，即脱离农业生产是绝大多数农民子女的愿望。

从职业流动的角度看，当父亲是负责人时，子女流动概率最高的行业是军人和办事人员。但由于军人的样本太少，流动指数有些异常，因而认定子女选择办事人员作为职业的概率最高。当父亲是专业人员时，子女最有可能流向办事人员和负责人这两个职业。当父亲是办事人员时，除了从事与父亲相同的职业，子女选择专业人员和负责人这两类职业的概率最高。

———————

① 职业编码的第 1 位即为职业大类，在 CFPS 中其实有九类，但第 8 类和第 9 类是无职业或者无法分类的部分。

当父亲是农民时，他们更多地希望子女选择农业生产以外的工作，但是从代际职业流动指数来看，农业流向其余职业的指数都小于1，这表明农民子女脱离农业生产的难度较大。同时，其他职业流向农业的代际流动指数也都低于1，说明当父亲从事的是农业生产以外的职业时，他的子女从事农业生产的概率很低。当父亲是生产人员时，除了生产人员，子女选择办事人员的概率最高。如果父亲是军人，那么子女选择办事人员作为职业的概率也是最高的。

综合来看，职业流入指数最高的是生产人员，其次是服务人员，可能的原因是这两类职业都是就业大户，尤其是在农村地区。因此，从事其他职业的家庭的子女进入这两类行业比较容易。流入指数最小的是军人和负责人，不过，军人由于样本不足，所以其流入指数有些失真。负责人进入门槛高，父亲如果不是负责人，子女想要从事这一职业的难度较大。从职业流出的角度看，如果父亲是农民，子女改行的可能性非常大，很少有子女愿意继续从事农业生产。其次是生产人员，他们的子女流向其他职业的概率也比较高。流出指数最小的是办事人员和军人。

表 3 – 8　　　　　　　　　2010 年中国的代际职业流动指数

父亲	子女							
	负责人	专业人员	办事人员	服务人员	农业生产	生产人员	军人	流出指数
负责人	2.29	1.67	1.78	1.55	0.57	1.08	5.11	119.33
专业人员	1.35	2.78	1.53	1.05	0.71	0.92		97.00
办事人员	2.04	3.13	4.34	1.39	0.24	0.95		31.00
服务人员	1.61	1.71	2.34	1.99	0.38	1.30		53.17
农业生产	0.72	0.58	0.52	0.77	1.24	0.83	0.99	476.33
生产人员	1.28	1.49	1.82	1.53	0.42	1.76		180.67
军人	2.25	0.75	3.64	1.42	0.72	0.59		10.17
流入指数	61.83	109.67	98.33	236.00	166.17	294.67	1.00	

资料来源：根据中国家庭追踪调查数据计算得出。

考虑到中国的城乡二元结构，城镇与农村的发展并不均衡，二者在代际职业流动方面也同样存在差异。正如表3-9所示，从职业传承的角度来看，农村除农业生产外，其余五类职业的传承度都高于城镇（城镇的军人数据缺失），这表明，农村的社会阶层流动性比城镇低，农民子弟想要通过从事与父辈不同的职业从而提升自己的社会阶层，会遇到各种体制和非体制障碍，难度要大于城镇居民的子女。城镇职业代际传承度最低的是生产人员，而农村则是农业生产。接下来分职业比较城镇与农村地区的代际职业流动。① 如果父亲的职业是负责人，城镇子女（父亲和子女均为城镇户口，下同）最可能从事的职业是专业人员，农村子女（父亲和子女均为农村户口，下同）则是办事人员；如果父亲的职业是专业人员，城镇和农村子女最可能从事的职业都是办事人员；如果父亲的职业是办事人员，那么城镇子女选择从事专业人员的可能性最大，而农村则是负责人；如果父亲的职业是服务人员，无论是城镇子女还是农村子女，最可能从事的职业都是办事人员；如果父亲的职业是农业生产，则城镇子女选择生产人员作为职业的可能性最高，农村地区亦是如此；如果父亲的职业是生产人员，城镇子女从事办事人员的可能性最大，而农村则是专业人员。无论是城镇地区还是农村地区，职业流出最多的都是农业生产。城镇地区流入最多的职业是服务人员，而农村则是生产人员。

表3-9　　　　　　　　2010年中国分城乡代际职业流动指数

(a) 城镇

父亲	子女							
	负责人	专业人员	办事人员	服务人员	农业生产	生产人员	军人	流出指数
负责人	1.67	1.26	1.21	1.19	0.43	0.90	6.54	71.50
专业人员	1.20	2.19	1.25	0.81	0.57	0.83		45.67
办事人员	1.10	2.17	2.41	0.80	0.15	0.70		23.50
服务人员	1.12	1.18	1.48	1.32	0.33	0.94		34.83
农业生产	0.81	0.63	0.59	0.93	1.61	0.96	0.69	256.17

① 由于军人样本太少，故不再分析军人的情况。

（a）城镇							
父亲	子女						
	负责人	专业人员	办事人员	服务人员	农业生产	生产人员	军人	流出指数
生产人员	0.94	1.02	1.25	1.07	0.43	1.28		114.33
军人	2.00	0.45	2.56	0.93	0.77	0.58		6.33
流入指数	43.00	76.33	80.50	163.00	35.17	153.83	0.50	

（b）农村							
父亲	子女						
	负责人	专业人员	办事人员	服务人员	农业生产	生产人员	军人	流出指数
负责人	2.33	1.54	1.97	1.33	0.88	1.09	0.00	47.83
专业人员	1.01	3.21	1.33	1.29	0.89	0.91	0.00	51.33
办事人员	4.73	0.63	5.33	2.59	0.67	1.13	0.00	7.50
服务人员	1.35	1.67	2.03	2.34	0.68	1.72	0.00	18.33
农业生产	0.88	0.74	0.82	0.84	1.06	0.85	1.25	220.17
生产人员	1.16	1.90	1.42	1.80	0.62	2.33	0.00	66.33
军人	0.00	1.34	2.84	2.07	1.02	0.30	0.00	3.83
流入指数	18.83	33.33	17.83	73.00	131.00	140.83	0.50	

资料来源：根据中国家庭追踪调查数据计算得出。

七大类职业的分类方法虽然精简了代际职业流动指数的计算过程，但这种分类在某种程度上有些过于笼统。为了更加细致地分析代际职业流动的现状，使用同样的测算方法，将七大类职业换成每种细分职业所属的行业，即国民经济行业，测算结果见表3-10。如表3-10所示，代际传承度最高的行业是水利、环境和公共设施管理业，但是由于在计算时缺失值较多，所以计算结果出现异常，文化、体育和娱乐业也同样如此。排除异常值后，代际传承度最高的三个行业分别是采矿业，卫生、社会保障和社会福利业，电力、燃气及水的生产和供应业，代际传承度最低的是农、林、牧、渔业①。

---

① 限于表格篇幅，表格中的行业都是简写。

表 3 - 10　行业层面的代际职业流动指数

父类 \ 子女	农业	采矿业	制造业	电力	建筑业	交通运输	信息传播	批发零售业	住宿餐饮业	金融业
农业	1.23	0.74	0.77	0.69	0.98	0.64	0.50	0.81	0.76	0.36
采矿业	0.52	14.30	0.75	0.64	1.12	1.97		1.68	1.37	
制造业	0.44	1.48	2.06	0.99	1.02	1.81	2.90	1.43	1.29	2.11
电力	0.16	4.21	2.20	6.36	1.12	1.69		0.84	2.28	1.55
建筑业	0.46	0.70	1.91	1.77	2.60	2.42		1.28	2.02	2.15
交通运输	0.24	0.85	1.83	0.97	0.85	2.85	1.26	1.54	2.07	3.13
信息传播										
批发零售业	0.38	0.95	1.46	3.36	0.85	1.81	5.61	2.69	1.55	2.33
住宿餐饮业	0.38	1.11	0.77	4.47	1.15	1.48	2.18	1.29	3.80	3.40
金融业	0.86	1.17	0.83	0.88	0.78	1.37		1.67	0.47	3.76
房地产业		13.96						3.48		
租赁			2.44							
科学研究								5.79		
水利	0.26		0.49		2.07	1.56		2.32	2.52	8.56
居民服务	0.28		1.76	2.83	1.39	2.50		1.09	4.05	4.58
教育业	0.72		1.07	1.47	0.54	0.89	1.43	1.03	0.79	1.78

父类\子女	农业	采矿业	制造业	电力	建筑业	交通运输	信息传播	批发零售业	住宿餐饮业	金融业
卫生	0.64		1.22		0.86	1.95		0.97		
文化										
公共管理	0.65	0.63	0.99	1.91	0.84	1.23	3.10	0.91	0.68	2.70
其他行业	0.41	1.03	1.87	0.78	0.69	2.08	3.05	2.00	2.24	1.43

父类\子女	房地产业	租赁	科学研究	水利	居民服务	教育业	卫生	文化	公共管理	其他行业
农业	0.50	0.46	0.73	0.63	0.74	0.73	0.63	0.33	0.69	0.82
采矿业	2.90	2.95			1.75	0.21	1.55	2.71	0.63	1.52
制造业			4.01		1.29	0.96	1.06	2.38	1.50	1.38
电力	0	0	0	5.70	0.70	1.65	3.09		3.14	1.01
建筑业				7.75	1.07	0.92	1.29	0	0.70	1.12
交通运输	1.26	5.75	2.60		1.86	1.98	1.96	4.12	1.83	1.15
信息传播										
批发零售业	1.87				0.26	1.87	2.33	3.07	1.54	1.91
住宿餐饮业	6.53	3.32			2.91	1.45	3.40	3.58	1.24	2.22
金融业			3.57		1.21	1.86	0.81		1.31	1.41
房地产业					17.39					

续表

父亲	子女									
	房地产业	租赁	科学研究	水利	居民服务	教育业	卫生	文化	公共管理	其他行业
租赁										
科学研究				227			21.40			
水利	7.35					2.28			1.74	5.61
居民服务	1.43				2.59	1.22	1.72	4.02	0.93	0.38
教育业					1.81	4.63	1.78	2.35	1.27	1.17
卫生						1.90	12.48		1.45	1.17
文化					14.49			75.09	4.34	
公共管理	2.48	2.83	1.28		1.83	1.70	1.93	3.05	3.10	1.45
其他行业	1.52	4.65			1.50	0.89	1.90	1.67	1.26	1.40

资料来源：根据中国家庭追踪调查数据计算得出。

第四节 中国的贸易自由化与就业的相关性分析

在详细分析了中国的贸易自由化和就业现状之后，一个亟须解答的问题也随之产生，即二者之间有没有关联性？本节将通过图形的方式，来简单描述贸易自由化与就业之间的关系。

一个国家的进口关税水平越低，则意味着其贸易自由化水平越高。图 3 - 14 显示，中国的最终品平均进口关税与就业总人数[①]呈反比关系，最终品进口关税越高，就业总人数越少。这表明，中国的贸易自由化水平越高，对中国解决就业问题越有利。由于中间品平均进口关税与就业人数的散点图与最终品非常接近，因而在此没有列出。

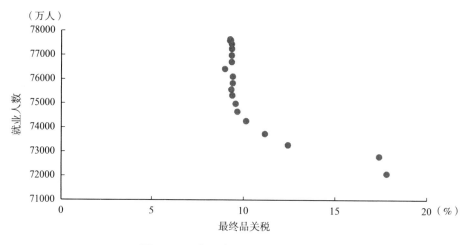

图 3 - 14 贸易自由化与就业的关系

资料来源：根据世界银行 WITS 数据库、WTO 关税数据库和国家统计局的统计数据整理绘制。

进一步地，通过图 3 - 15 考察贸易自由化在时间上对就业的动态影响。如图 3 - 15 所示，中国的最终品关税和中间品关税在 2000—2005 年下降幅

---

① 这里的就业总人数用的是存量数据，图 3 - 15 也是一样。

度最大，贸易自由化水平明显提高，此时中国的总就业人数也在快速增加。2005年以后，中国的关税水平趋于稳定，但是，中国的总就业人数的增长势头并没有因此而减弱。直到2016年，就业人数的增长速度才开始放缓。造成这一现象的原因主要有两个：第一，贸易自由化的影响存在时滞，面对不断加速的贸易自由化进程，企业需要一段时间来调整生产和要素投入，而劳动者调整就业类型和就业地点也同样需要时间；第二，贸易自由化并不是影响就业的唯一因素，人口增长、国家政策同样会影响中国的就业水平。因此，在第四章至第六章，本书将运用实证研究的方法，通过控制其他因素对就业的影响，从而更准确地剖析中国的贸易自由化对就业的影响。

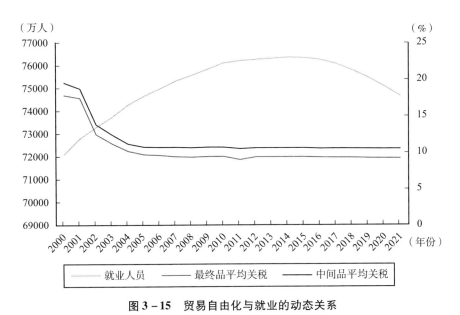

图3-15　贸易自由化与就业的动态关系

资料来源：根据世界银行WITS数据库、WTO关税数据库和国家统计局的统计数据整理绘制。

第五节　本章小结

首先，分析了中国贸易自由化的现状及其特征。中国的贸易自由化水平与中国加入世界贸易组织密切相关，两次大幅关税削减都发生在加入世贸组织前后。2005 年以后，中国的关税水平趋于稳定。随着世贸组织改革陷入困境，通过多边贸易谈判推进贸易自由化的难度越来越大，中国开始倾向于通过区域贸易协定的方式来推动区域范围内的贸易自由化，并取得了不错的效果。本章还将中国的贸易自由化水平与全球其他主要经济体进行比较，发现与发达国家相比，中国的贸易自由化水平还有比较大的提升空间；但是与其他新兴经济体相比，无论是最惠国关税还是区域贸易协定的数量，中国的贸易自由化都已经走在前列，但是，中国的区域贸易协定的质量和辐射范围还有待提升。

其次，分析了中国的就业现状。从就业规模上看，中国的就业人数在过去 20 年快速增长，2017 年以后开始下降。中国的就业结构（三大产业、城乡、经济类型和行业）在过去 20 年也发生了明显的变化。本章还分析了中国就业人员的特征，如性别、年龄和受教育水平。

再次，分析了中国就业人员的工资水平和工作强度，从而更加全面地评估中国的就业质量。为了解就业在代际层面的动态变化，本章还关注了中国的代际职业流动的现状及其特征。

最后，通过作图的方式，描述了中国的贸易自由化与就业之间的关系。从而为后续的实证研究提供现实基础。

第四章　贸易自由化对企业劳动力
需求的影响分析

第三章通过一系列现实数据，分析了中国贸易自由化和就业的现状及二者之间的相关性。从本章开始，将进入全书的实证研究部分。基于上述典型事实，运用实证分析的方法，更加精确地探索贸易自由化与就业之间的关系。企业作为国民经济的主要参与者，通过投入劳动力、资本等生产要素，生产产品或服务，进而实现利润最大化。因此，企业是劳动力的最大需求方。本章从劳动力市场的需求侧入手，分析贸易自由化对企业劳动力需求的影响。

第一节　贸易自由化对企业劳动力
需求影响的模型设计

一、模型设定

根据新—新贸易理论，并不是所有企业都能参与国际贸易，从国际市场进口自身所需的投入品或向国际市场出售本企业的产品。只有生产率达到某个门槛的企业才会参与进出口，生产率低的企业只能选择专注于国内市场或选择退出市场。由此可知，贸易自由化会对参与进出口的企业带来直接影响，但是，这并不意味着只有参与进出口的企业才会受到贸易自由化的影响。那些专注于国内市场的企业，也会由于贸易自由化引致的国外产品大量进入本国市场而受到影响。首先，国外产品的进入将增加国内市场的供给，在商品需求保持不变的条件下，国内市场的价格将会下降，导致企业的利润减少，进而改变企业的生产规模和要素投入；其次，国外商品的进入将加剧国内市场的竞争程度，企业只能通过提高生产率等方式来应对不断加剧的市场竞争，否则将被迫退出市场，而生产效率的提高会影响劳动力在内的要素投入比例；最后，根据新—新贸易理论，随着企业生产率的提高，企业有机会进入国际市场，为满足国际市场的需求，企业会加大劳动力等要素的投入，从而扩大生产规模。因此，无论企业是否参与进出口，都会受到贸易自由化的影响，这种影响包括了企业的劳动力投入，即企业对劳动力的需求。中间品贸易自由化与最终品相比，比较特殊的一点在于，它一方面意味着国内同类产品将面临国外产品的供给冲击，另一方面也意味着相关企业可以以更低的价格获取高质量的中间投入品，从而提升企业的生产效率和生产规模，进而影响企业对劳动力的需求。

除了受贸易政策的影响，企业自身的特征也同样会影响企业对劳动力的需求，如企业的年龄。另外，企业所在行业的特征也同样会影响企业的劳动力需求。基于以上分析，本章设定以下基准回归模型。

最终品贸易自由化对企业劳动力需求的影响为

$$work_{ijt} = \beta_0 + \beta_1 output_{jt} + \gamma X_{ijt} + \theta S_{jt} + \delta_1 \sigma_i + \delta_2 \mu_t + \varepsilon_{it} \qquad (4-1)$$

中间品贸易自由化对企业劳动力需求的影响[①]为

$$work_{ijt} = \beta_0 + \beta_1 input_{jt} + \gamma X_{ijt} + \theta S_{jt} + \delta_1 \sigma_i + \delta_2 \mu_t + \varepsilon_{it} \qquad (4-2)$$

其中，i 代表企业，j 代表行业，t 代表时间，$work_{ijt}$ 代表行业 j 中的企业 i 在 t 年的员工数量，$output$ 代表企业所在 4 位码行业的最终品平均进口关税，$input$ 代表企业所在 2 位码行业的中间品平均进口关税[②]。X_{ijt} 是企业层面的一组控制变量，S_{jt} 是行业层面的控制变量。σ_i 是企业固定效应，用于控制随企业不随时间变动的变量；μ_t 是年份固定效应，用于控制随时间而不随企业变动的变量；ε_{it} 是随机误差项。

---

① 现有文献在研究贸易自由化的影响时，部分学者将最终品贸易自由化和中间品的贸易自由化分别进行回归，如何冰和周申（2019）；还有一些学者将最终品贸易自由化和中间品贸易自由化同时放入回归模型，如余淼杰和袁东（2016）。结合本章的研究目的和数据，选择用企业就业人数分别对最终品贸易自由化和中间品贸易自由化进行回归。

② 中间品平均进口关税根据 2002 年中国投入产出表计算得出，该表用 2 位码代表行业，所以在计算中间品平均进口关税时，用的也是 2 位码行业。

二、变量说明

用企业的就业人数代表企业的劳动力需求并作为本章的被解释变量。在进行回归时，对企业的就业人数作对数处理，以 *work* 表示。

最终品关税和中间品关税是本章的核心解释变量，用来衡量中国的贸易自由化水平。平均关税水平越低，贸易自由化水平越高；平均进口关税水平越高，贸易自由化水平越低。参考第三章的计算方法，行业层面的最终品平均进口关税可通过公式（4－3）计算得出，而行业层面的中间品平均进口关税的测算方法在公式（3－3）中已经给出，此处不再重复。

$$output_{jt} = \frac{\sum\limits_{c \in j} n_{ct} \tau_{ct}^{\mathrm{HS6}}}{\sum\limits_{c \in j} n_{ct}} \qquad (4-3)$$

其中，j 是 4 位码行业，$output_{jt}$ 是行业 j 在时间 t 的最终品平均进口关税，c 是用 HS6 位编码表示的商品，τ_{ct} 是商品 c 在 t 年的进口关税率，n_{ct} 是商品 c 在 t 年的税目数。在回归时，对最终品平均进口关税和中间品平均进口关税作了对数处理。

企业层面的控制变量包括企业年龄、企业产品销售收入、滞后一期的就业人数、工业增加值、全要素生产率、人均工资、资本—劳动比；行业层面的控制变量是 4 位码行业的赫芬达尔指数。

企业年龄用 *age* 表示，指的是当期与企业开业年份的差值，根据产业组织的相关理论，企业成立时间越久，企业规模往往越大，雇用的劳动力就越多，尤其是对于那些劳动密集型企业。因此，*age* 对企业就业人数的预期影响为正。产品销售收入（*sale*）和工业增加值（*add*）主要用于衡量企业的生产规模，其中，产品销售收入侧重于企业的市场表现，与企业的盈利能力密切相关；而工业增加值侧重于企业的产出。企业的生产规模越大，对劳动力的需求往往也就越多。为了排除通货膨胀的影响，用工业生产者出厂价格指数对产品销售收入和工业增加值进行平减①，并在回归时作了对

---

① 此处以 2000 年为基期进行平减。

数处理。人均工资（wage）代表企业的用工成本①，直接影响企业雇用工人的数量。平均工资越高，企业就越倾向于雇用更少的工人，从而控制生产成本。人们通常所说的中国人口红利有两层含义，一方面是指中国的劳动力数量庞大，另一方面是指中国的平均工资低，而平均工资上涨也是部分外资企业撤离中国的原因之一，这显然也会减少中国的就业。为了排除通货膨胀的影响，用中国的消费者价格指数对企业的平均工资进行平减②，并在回归时作了对数处理。资本—劳动比（ratio）反映了单位劳动力对应的资本，用实收资本/企业就业人数计算得出，是区分劳动密集型企业和资本密集型企业的重要指标。企业前一年的就业人数通常会影响企业当年的劳动力需求，所以，把滞后一期的企业就业人数也纳入回归模型，用 work_1 表示。同时，这么做也可以用于分析贸易自由化对企业劳动力需求的动态影响。

第二章提到，全要素生产率是贸易自由化影响就业的重要渠道，因而将全要素生产率也纳入实证模型。全要素生产率对就业的影响是比较复杂的，一方面，全要素生产率高的企业，在同等资本的条件下，对劳动力的需求减少；另一方面，随着全要素生产率的提升，企业有望达到生产率门槛，通过国际贸易等方式拓展国外市场，从而扩大生产规模，增加对劳动力的需求。为了便于解释回归结果，对全要素生产率作了对数处理，用 lp 表示。

现有文献中常用的计算企业全要素生产率的方法有 LP 法、OP 法和索洛残差法等。用 OLS 估算索洛残差是简单的一种方法，但其存在两个问题，一个是同步偏差，另一个是选择偏差。为了解决这些问题，学者们不断改进全要素生产率的测算方法，于是就有了 LP 法和 OP 法。奥利和帕克斯（Olley & Pakes，1996）用企业的当期投资作为不可观测生产率冲击的代理变量，从而解决了同时性偏差问题。一般来说，状态变量通常是资本，而自由变量通常为劳动。OP 法需要满足投资与生产率之间呈单调递增的关系，在此条件下，OP 法将无法估计投资额为 0 的企业的生产率。这些样本就被

① 人均工资 = 应付工资/企业就业人数。
② 此处以 2000 年为基期进行平减。

丢掉了。LP 法则对 OP 法进行了改进，其核心思想是，不是用投资额作为代理变量，而是代之以中间品投入。LP 法使得研究者可以根据可获得的数据灵活选择代理变量（Levinsohn & Petrin，2003；鲁晓东和连玉君，2012）。OP 法和 LP 法都假设企业面对生产率冲击时能够对投入进行无成本的即时调整。阿克伯格等（Ackerberg et al.，2015）、邦德和索德伯姆（Bond & Söderbom，2005）则认为劳动（自由变量）的系数只有在自由变量和代理变量相互独立的情况下才能得到一致估计。针对此问题，他们提出了修正方法。本章采用 LP 法来计算企业的全要素生产率。

赫芬达尔指数是一种测量产业集中度的综合指数。它是指一个行业中各市场竞争主体所占行业总收入或总资产百分比的平方和，用来衡量市场份额的变化，即市场中厂商规模的离散度。现有研究表明，赫芬达尔指数对就业具有负向影响（屈小博等，2016）。赫芬达尔指数的计算方法为

$$hhi_j = \sum_{i=1}^{N} \left(\frac{X_i}{X_j} \right)^2 \qquad (4-4)$$

其中，hhi 是赫芬达尔指数；X_i 是企业 i 的市场规模，用产品销售收入来表示；X_j 是行业 j 的市场总规模，由样本中该行业所有企业的产品销售收入加总得出[①]；N 是行业中的企业数量。

三、数据来源与描述性统计

本章的数据来源主要有四个，分别是中国工业企业数据库、世界银行 WITS 数据库、世界贸易组织关税数据库和国家统计局。尽管工业企业数据库的时间跨度是 1998—2013 年，但是，2007 年以后中国工业企业数据库不再提供工业增加值这个变量，因而无法计算全要素生产率。同时，由于中国加入世界贸易组织（WTO）是在 2001 年，2001—2005 年是中国贸易自由化水平提升最快的一段时期。参考毛其淋和许家云（2015）、余淼杰和袁东（2016）等的处理方法，选择 2000—2007 年这个区间的数据进行实证分析。

---

① 此处用的是 4 位码行业。

　　企业和行业层面的数据全部来自中国工业企业数据库。中国工业企业数据库包含了企业基本信息、经营状况、财务数据等重要信息，是研究中国企业的主要信息来源。但是，中国工业企业数据库中也出现了企业误报的情况，这些错误信息会导致数据的质量下降，对实证研究形成干扰。因此，本书参考蔡等（Cai et al.，2009）、费恩斯特拉等（Feenstra et al.，2014）、田巍和余淼杰（2014）的做法，根据通用会计准则对数据进行筛选。如出现以下五种情况，该条数据将被剔除：第一，流动资产大于总资产；第二，总固定资产大于总资产；第三，固定资产净值大于总资产；第四，企业的编码缺失；第五，成立时间无效（比如开业月份大于 12 或小于 1）。另外，本书还剔除了就业人数小于 10 人的企业。

　　关税数据来自世界银行 WITS 数据库和世界贸易组织关税数据库，其中，2001 年以前的数据来自世界银行，2001 年及以后的进口关税数据来自世界贸易组织关税数据库。在对产品销售收入、工业增加值和人均工资进行平减时，分别用到了工业生产者出厂价格指数和居民消费价格指数，这两类数据来自国家统计局。在计算中间品平均进口关税时，使用了 2002 年中国投入产出表，这一数据也是来自国家统计局。

　　从表 4－1 可以看出本章数据的基本特征。由于中国工业企业数据库中收录的都是规模以上的企业，所以企业的就业人数也比较大，均值达到了 218 人，最大值是 2439 人，最少值只有 12 人。最终品和中间品关税在 0～32.25% 浮动。企业年龄出现了 0 值，表明这些企业是统计当年刚刚成立，成立时间最长的是 51 年（剔除了新中国成立以前创办的企业）。人均工资的均值是 12543 元，最大值是 54693 元。[①] 赫芬达尔指数出现了 0 和 1 这样的极端值，均值是 0.01，说明中国大部分行业的竞争程度是比较高的[②]。从标准差来看，企业就业人数、产品销售收入和工业增加值的标准差很大，表明企业在这几个指标上的差异性较大。最后，为了剔除异常值，参考传统文献的方法对数据作了前后 1% 的截尾处理。

---

　　① 工业增加值、产品销售收入和人均工资的单位都是千元，人均工资指的是年工资。
　　② 需要注意的是，虽然本章使用的中国工业企业数据库并不是全样本数据库，没有包含规模以下制造业企业，但是，规模以下企业所占比重非常小（平方以后会更小），并不会影响测度结果。

表 4-1　　　　　　　　　　　　描述性统计

变量名称	变量含义	观测值	均值	标准差	最小值	最大值
work	企业就业人数	1300747	218.36	356.119	12	2439
output	最终品关税	1300747	11.644	6.466	0	31.769
input	中间品关税	1300747	12.798	4.51	0	32.25
age	企业年龄	1300747	9.551	10.328	0	51
sale	产品销售收入	1300747	52093.23	112000	1198.115	814000
add	工业增加值	1300747	14899.86	32047.22	255.149	231000
wage	人均工资	1300747	12.543	8.391	1.862	54.693
ratio	资本—劳动比	1300747	67.967	111.02	0.746	706.4
lp	全要素生产率	1300747	6.022	1.119	0	14.786
hhi	赫芬达尔指数	1300747	0.01	0.018	0	1

第二节　贸易自由化对企业劳动力需求
影响的回归结果分析

一、基准回归结果

根据公式（4-1）和公式（4-2），首先进行基准回归，回归结果见表4-2，其中第（1）列到第（3）列是最终品关税对企业劳动力需求的影响；第（4）列到第（6）列是中间品关税对企业劳动力需求的影响。在第（1）列，本书控制了滞后一期就业人数、企业年龄、产品销售收入、工业增加值、人均工资和资本—劳动比、企业固定效应和年份固定效应。回归结果显示，在控制了一系列控制变量之后，最终品关税的系数显著为负。这表明，最终品进口关税的下降会增加企业的就业人数，即最终品贸易自由化能够有效增加企业的劳动力需求。在第（2）列，将企业全要素生产率加入回归模型，以控制生产率对企业劳动力需求的影响。结果表明，最终品关税的系数还是负值且通过了1%的显著性检验，但系数的绝对值比第

（1）列小。在第（3）列，在原有控制变量的基础上，加入了行业层面的赫芬达尔指数，核心解释变量的系数与第（2）列相比并没有发生任何变化，显著性也没有降低。回归结果表明，中国的最终品关税每降低1%，企业的就业人数将增加0.6个百分点。①

表4-2 基准回归

变量	（1） *work*	（2） *work*	（3） *work*	（4） *work*	（5） *work*	（6） *work*
output	-0.007 *** (0.002)	-0.006 *** (0.002)	-0.006 *** (0.002)			
input				-0.087 *** (0.032)	-0.088 *** (0.031)	-0.088 *** (0.031)
work_1	0.183 *** (0.002)	0.176 *** (0.002)	0.176 *** (0.002)	0.184 *** (0.002)	0.176 *** (0.002)	0.176 *** (0.002)
age	0.035 *** (0.003)	0.033 *** (0.003)	0.033 *** (0.003)	0.036 *** (0.003)	0.033 *** (0.003)	0.033 *** (0.003)
sale	0.259 *** (0.002)	0.230 *** (0.002)	0.230 *** (0.002)	0.259 *** (0.002)	0.230 *** (0.002)	0.230 *** (0.002)
add	0.045 *** (0.001)	0.175 *** (0.005)	0.175 *** (0.005)	0.045 *** (0.001)	0.174 *** (0.005)	0.174 *** (0.005)
wage	-0.224 *** (0.003)	-0.220 *** (0.003)	-0.220 *** (0.003)	-0.225 *** (0.003)	-0.221 *** (0.003)	-0.221 *** (0.003)
ratio	-0.000 ** (0.000)	-0.000 ** (0.000)	-0.000 ** (0.000)	-0.000 ** (0.000)	-0.000 ** (0.000)	-0.000 ** (0.000)
lp		-0.637 *** (0.025)	-0.637 *** (0.025)		-0.635 *** (0.025)	-0.635 *** (0.025)

① 需要注意的是，最终品关税的单位是%，这里说的下降1%，并不是关税水平的绝对值下降1个百分点，比如从12%下降到11%，而是指在原有税率的基础上下降1%，比如从10%下降到9.9%。

续表

变量	(1) work	(2) work	(3) work	(4) work	(5) work	(6) work
hhi			-0.017 (0.053)			-0.010 (0.053)
常数项	1.319 *** (0.030)	1.656 *** (0.032)	1.656 *** (0.032)	1.548 *** (0.097)	1.890 *** (0.097)	1.891 *** (0.097)
企业固定效应	是	是	是	是	是	是
年份固定效应	是	是	是	是	是	是
观测值	785927	785927	785927	780093	780093	780093
R^2	0.252	0.268	0.268	0.253	0.270	0.270

注：*** 代表1%显著性水平，** 代表5%显著性水平；括号里是标准误。

在第（4）列，将最终品关税替换为中间品关税，以考察中间品贸易自由化对企业劳动力需求的影响。回归结果表明，在控制了滞后一期就业人数等变量、企业固定效应和年份固定效应之后，中间品关税的系数是负的且通过了1%的显著性检验。这表明，随着中国中间品进口关税的下降，企业会增加其雇用的员工数量。换言之，中间品贸易自由化水平的提升也同样有助于增加企业对劳动力的需求。在第（5）列和第（6）列，分别加入了企业全要素生产率和行业赫芬达尔指数，结果表明，中间品关税的系数都是显著为负的，但系数的绝对值比第（4）列大，这一点与最终品关税的情况有所不同。从第（6）列的结果来看，中间品进口关税每下降1%，企业的就业人数将会增加8.8%。对比第（3）列和第（6）列，可以发现，无论是最终品贸易自由化还是中间品贸易自由化，都会增加企业对劳动力的需求，且中间品贸易自由化对企业劳动力需求的影响要大于最终品贸易自由化。

基准回归结果表明，除行业赫芬达尔指数外，其余控制变量对企业的就业人数都有显著影响。企业前一年的员工数量对当年的员工数量具有正向影响，这表明企业就业人数的调整是一个动态的过程，并不是一次就能调整到位，企业会根据前一年的员工数量来决定本年度雇用工人的数量。企业年龄的系数显著为正，这符合我们的预期。企业成立时间越长，生产经营经验越丰富，企业规模也相对更大，对劳动力的需求也就越大。产品销售收入和工业增加值这两个代表企业规模变量的系数显著为正，证实了企业规模与企业就业人数之间的正比例关系。

平均工资的系数显著为负，这表明，随着用工成本的提高，企业倾向于减少工人的雇用数量，或者把企业转移到劳动力成本更低的地方。资本—劳动比的系数也是显著为负，资本—劳动比高的是资本密集型企业，这些企业的生产更多依赖于高质量的生产设备和先进的生产技术，因而对劳动力的投入相比劳动密集型企业要少得多；而低资本—劳动比的劳动密集型企业则不同，这类企业以低技术含量的加工装配为主，廉价劳动力是其最主要的生产投入品。企业的全要素生产率对就业人数具有显著的负向影响。在其他条件不变时，企业的生产率越高，企业越倾向于投入更多的资本或技术，而不是增加劳动力的投入量。行业层面的赫芬达尔指数对企业就业人数的影响并不显著，这说明，行业的竞争程度并不会影响该行业内的企业对劳动力的需求。

二、稳健性检验

通过对基准回归结果的分析，可以初步认定，最终品贸易自由化和中间品贸易自由化能够对企业的劳动力需求具有显著的促进作用。为了排除其他因素对实证结果的干扰，通过一系列检验，来验证基准回归结果的稳健性，具体结果见表 4 - 3 和表 4 - 4。

表 4 - 3 　　　　　　　　　　稳健性检验（Ⅰ）

变量	(1) *work*	(2) *work*	(3) *work*	(4) *work*	(5) *work*	(6) *work*
output	- 0. 013 *** (0. 003)		- 0. 005 ** (0. 002)		- 0. 005 ** (0. 002)	

续表

变量	（1） *work*	（2） *work*	（3） *work*	（4） *work*	（5） *work*	（6） *work*
input		− 0. 130 *** （0. 033）		− 0. 093 *** （0. 031）		− 0. 094 *** （0. 031）
常数项	1. 859 *** （0. 065）	2. 235 *** （0. 113）	1. 893 *** （0. 028）	2. 144 *** （0. 093）	1. 863 *** （0. 029）	2. 115 *** （0. 093）
控制变量	是	是	是	是	是	是
企业固定效应	是	是	是	是	是	是
年份固定效应	是	是	是	是	是	是
行业固定效应	是	是	否	否	否	否
省份固定效应	否	否	是	是	否	否
观测值	785927	780093	785927	780093	760278	754545
R^2	0. 340	0. 341	0. 338	0. 339	0. 341	0. 342

注： *** 代表1%显著性水平， ** 代表5%显著性水平；括号里是标准误。

表4 - 4　　　　　　　　　　　稳健性检验 （Ⅱ）

变量	（1） *work*	（2） *work*	（3） *work*	（4） *work*	（5） *work*
output	− 0. 006 *** （0. 002）				
input		− 0. 038 *** （0. 012）			
wto	− 0. 011 *** （0. 002）	− 0. 021 *** （0. 004）			
output_1			− 0. 006 *** （0. 002）		
input_1				− 0. 084 *** （0. 033）	

续表

变量	（1） *work*	（2） *work*	（3） *work*	（4） *work*	（5） *work*
daoxiang					0.002 * （0.001）
常数项	1.920 *** （0.025）	2.014 *** （0.044）	1.656 *** （0.032）	2.003 *** （0.103）	1.633 *** （0.032）
控制变量	是	是	是	是	是
企业固定效应	是	是	是	是	是
年份固定效应	是	是	是	是	是
观测值	785927	780093	785927	577569	791945
R^2	0.267	0.269	0.268	0.255	0.271

注： *** 代表1%显著性水平，* 代表10%显著性水平；括号里是标准误；*output_1* 和 *input_1* 分别表示滞后一期的最终品关税和滞后一期的中间品关税；*daoxiang* 表示出口导向率。

首先，每个行业都有其自身的特点，因而对劳动力的需求也存在异质性。因此，在表4-3的第（1）列和第（2）列加入了行业固定效应①，从而控制那些随行业变化而不随时间变动的因素对就业的影响。回归结果表明，在控制了行业固定效应之后，最终品关税和中间品关税的系数都是显著为负的，但是，与基准回归相比，系数的绝对值明显变大。其次，为了控制省份层面各种因素对企业劳动力需求的影响，在第（3）列和第（4）列加入了省份固定效应。中国的各个省份由于受自然、历史等因素的影响，经济发展水平差异明显，这种差异也反映在企业对劳动力的需求上。经济发达的省份，其企业数量和企业就业人数一般也会高于经济欠发达的省份。回归结果显示，最终品和中间品关税的系数都还是显著为负，但最终品关税系数的显著性与基准回归相比有所下降。最后，通过观察基准回归结果发现，企业在面对贸易政策变化时，调整就业规模需要一段时间。因此，成立时间太短的企业，可能无法准确地观测贸易自由化对企业劳动力需求

① 这里用的是4位码行业。

的影响。鉴于此,在第(5)列和第(6)列,剔除了成立时间小于两年的样本。回归结果显示,最终品关税和中间品关税的系数依然是显著为负的。

由第三章的现状分析可知,在中国加入 WTO 之后,确切说是 2001—2005 年,中国经历了一个关税水平大幅下降的过程,以至于很多学者把加入 WTO 作为中国推进贸易自由化的标志(Fan et al.,2019;Liu et al.,2019;毛其淋和盛斌,2014)。于是,在基准回归的基础上,加入了 *wto* 这个虚拟变量,2000 年,*wto* 取 0,自 2001 年开始,*wto* 取 1。表 4 – 4 第(1)列和第(2)列显示,最终品和中间品关税的系数依然显著为负,但中间品关税系数的绝对值比基准回归小。由于关税调整的影响可能存在时滞,所以有学者在研究贸易自由化的影响时,用滞后一期的关税水平来度量贸易自由化(Fan et al.,2020)。参考这一做法,在第(3)列和第(4)列中,用滞后一期的关税替换当期的最终品关税和中间品关税,回归结果仍然是稳健的。在第(5)列,用 2 位码行业的出口导向率(*daoxiang*)来测度贸易自由化[①]。一般而言,出口导向率越高,意味着贸易自由化水平也越高。结果表明,出口导向率对企业就业人数具有显著的正向影响。

表 4 – 3 和表 4 – 4 的结果显示,基准回归结果通过了稳健性检验。

三、内生性检验

尽管已经通过表 4 – 3 和表 4 – 4 证明了基准回归结果是非常稳健的,但是,在下结论之前,必须先要解决潜在的内生性问题。在现有文献中,解决内生性问题的方法主要有双重差分法(DID)、断点回归(RD)和工具变量法(IV)。中国加入 WTO 是一个很好的外生政策冲击,可以以此作为准自然实验,使用双重差分法研究贸易自由化对中国的影响(Khandelwal et al.,2013;Lu & Yu,2015;毛其淋和许家云,2017)。本章的数据是从 2000—2007 年,包含了加入 WTO 前后的几年。因此,参考陆和余(Lu & Yu,2015),运用 DID 的方法来应对潜在的内生性问题。实证模型设定为

[①] 出口导向率用样本数据中 $\dfrac{行业出口交货值}{行业工业总产值}$ 计算得出。

$$work_{ijt} = \beta_0 + \beta_1 output_{2000} + \beta_2 wto_t + \beta_3 output_{2000} \times wto_t + \gamma X_{ijt}$$
$$+ \theta S_{jt} + \delta_1 \sigma_i + \delta_2 \mu_t + \varepsilon_{it} \qquad (4-5)$$

$$work_{ijt} = \beta_0 + \beta_1 input_{2000} + \beta_2 wto_t + \beta_3 input_{2000} \times wto_t + \gamma X_{ijt}$$
$$+ \theta S_{jt} + \delta_1 \sigma_i + \delta_2 \mu_t + \varepsilon_{it} \qquad (4-6)$$

其中，$output_{2000}$ 和 $input_{2000}$ 分别是 2000 年的行业最终品平均进口关税和行业中间品平均进口关税。[①] wto 是一个虚拟变量，2000 年取值为 0，其余年份取值为 1。其他变量的设定与基准回归相同，回归结果见表 4-5。

第（1）列是公式（4-5）的回归结果，从中可以看出，交乘项的系数在 1% 的水平上显著为正。这表明，从最终品视角看，加入 WTO 能够显著增加企业的就业人数，即最终品贸易自由化能够显著扩大企业对劳动力的需求。表 4-5 的第（2）列是公式（4-6）的回归结果，与第（1）列相似，交乘项的系数同样是显著为正，但系数比第（1）列大。这表明，从中间品视角看，加入 WTO 也同样有助于增加企业的就业人数。换言之，中间品贸易自由化有利于企业劳动力需求的增加，这与基准回归的结果是一致的。

表 4-5 内生性检验

变量	(1) work	(2) work
$output_{2000}$	-0.018 *** (0.005)	
wto	-0.011 *** (0.002)	-0.011 *** (0.002)
$output_{2000} \times wto$	0.015 *** (0.004)	
$input_{2000} \times wto$		0.021 *** (0.007)

---

① 由于 $output_{2000}$ 和 $input_{2000}$ 是连续型变量，为了便于交乘，对其作了中心化处理。

续表

变量	(1) *work*	(2) *work*
常数项	2.074 *** (0.021)	2.074 *** (0.021)
控制变量	是	是
企业固定效应	是	是
年份固定效应	是	是
观测值	795530	780093
R^2	0.338	0.338

注： *** 代表1%显著性水平；括号里是标准误。

表 4 - 6 的第（1）列是公式（4 - 5）对应的平行趋势检验，这是运用 DID 方法的前提。回归结果表明，从 2004 年开始，$output_{2000}$ 与年份的交乘项的系数开始变得显著，即企业就业人数的变动趋势与政策实施前（即加入 WTO 前）相比发生了明显的变化，但是这种变化并不是立即发生，而是三年以后才开始显现。根据第（1）列的结果，可以判定，公式（4 - 5）满足了平行趋势假定，因而运用 DID 方法是合理的。因此，最终品贸易自由化与企业劳动力需求之间存在正向的因果关系，但是政策的实施效果需要三四年才能显现出来。表 4 - 6 的第（2）列是公式（4 - 6）对应的平行趋势检验，从回归结果来看，实证模型通过了平行趋势检验。观察 $input_{2000}$ 与年份的交乘项的系数，可以发现，中间品贸易自由化的政策实施效果在两年之后才表现出来。

表 4 - 6   **平行趋势检验**

变量	(1) *work*	变量	(2) *work*
$lout_{2000} \times year_{2001}$	- 0.008 (0.005)	$linp_{2000} \times year_{2001}$	- 0.006 (0.010)

变量	（1） work	变量	（2） work
$lout_{2000} \times year_{2002}$	0.004 （0.004）	$linp_{2000} \times year_{2002}$	0.013 （0.009）
$lout_{2000} \times year_{2003}$	0.005 （0.004）	$linp_{2000} \times year_{2003}$	0.027*** （0.008）
$lout_{2000} \times year_{2004}$	0.005** （0.003）	$linp_{2000} \times year_{2004}$	0.021*** （0.005）
$lout_{2000} \times year_{2005}$	0.007*** （0.002）	$linp_{2000} \times year_{2005}$	0.020*** （0.004）
$lout_{2000} \times year_{2006}$	0.008*** （0.002）	$linp_{2000} \times year_{2006}$	0.015*** （0.003）
常数项	2.350*** （0.038）		2.334*** （0.037）
控制变量	是		是
企业固定效应	是		是
年份固定效应	是		是
观测值	795530		780093
R^2	0.329		0.330

注：*** 代表1%显著性水平，** 代表5%显著性水平；括号里是标准误。

四、异质性分析

通过基准回归、稳健性检验和内生性检验，发现最终品贸易自由化和中间品贸易自由化都有助于增加企业对劳动力的需求，二者之间存在因果关系。但是，由于企业之间在生产率、企业性质、企业规模等方面存在差异，所以贸易自由化对企业劳动力需求的影响也可能会存在异质性。

首先，按照企业的全要素生产率，将企业分为高生产率企业和低生产率企业，其中，高于生产率均值的企业是高生产率企业，其余为低生产率企业。生产率异质性的分析结果见表4–7。第（1）列和第（2）列是最终品贸易自由化的异质性影响。从回归结果来看，最终品贸易自由化对高生产率企业和低生产率企业的影响没有明显的区别。第（3）列和第（4）列是中间品贸易自由化的异质性影响，从 input 的回归系数来看，相比于低生产率企业，中间品贸易自由化对高生产率企业的劳动力需求具有更为显著的促进作用。生产率引起的企业竞争力差异可能是造成这一现象的重要原因。当面临外国商品的大量涌入时，低生产率企业不得不削减就业人数以降低成本或者彻底退出市场。

表4–7 异质性分析（Ⅰ）

变量	（1） high	（2） low	（3） high	（4） low
output	− 0.001 （0.003）	− 0.003 （0.003）		
input			− 0.069 * （0.041）	− 0.028 （0.046）
常数项	4.939 *** （0.057）	1.395 *** （0.043）	5.112 *** （0.133）	1.480 *** （0.140）
控制变量	是	是	是	是
企业固定效应	是	是	是	是
年份固定效应	是	是	是	是
观测值	413444	372483	410746	369347
R^2	0.384	0.350	0.384	0.349

注：*** 代表1%显著性水平，* 代表10%显著性水平；括号里是标准误；high 代表高生产率企业，low 代表低生产率企业。

其次，根据企业的资本—劳动比，将企业分为资本密集型企业和劳动密集型企业。其中，高于资本—劳动比均值的视为资本密集型企业，其余是劳动密集型企业。表4–8第（1）列和第（2）列的结果表明，最终品贸易自由化对劳动密集型企业的劳动力需求具有显著的正向影响，但是对资本密集型企业的影响并不显著。中间品贸易自由化则恰恰相反，对劳动密集型企业的影响不显著，但能够显著增加资本密集型企业对劳动力的需求。这一结果符合两种企业类型的特点。对于资本密集型企业，劳动力以外的生产要素占其总生产投入的比重要高于劳动密集型企业。中间品贸易自由化能够带来价格更低质量更好的中间投入品，这有利于资本密集型企业扩大生产规模，进而增加对劳动力的需求。

表 4 - 8　　　　　　　　　　　　　异质性分析（Ⅱ）

变量	（1） 劳动密集型	（2） 资本密集型	（3） 劳动密集型	（4） 资本密集型
output	- 0. 005 ** （0. 002）	- 0. 004 （0. 004）		
input			- 0. 035 （0. 035）	- 0. 103 * （0. 057）
常数项	2. 228 *** （0. 033）	2. 265 *** （0. 050）	2. 310 *** （0. 106）	2. 553 *** （0. 169）
控制变量	是	是	是	是
企业固定效应	是	是	是	是
年份固定效应	是	是	是	是
观测值	576722	209205	571093	209000
R^2	0. 326	0. 459	0. 328	0. 458

注：*** 代表 1% 显著性水平，* 代表 10% 显著性水平；括号里是标准误。

再次，根据企业性质，把企业分为国有企业和非国有企业。[①] 表 4 - 9第（1）列到第（4）列的回归结果表明，最终品贸易自由化对非国有企业的劳动力需求有显著的正向影响，但对国有企业的影响并不显著；无论是国有企业还是非国有企业的劳动力需求都会受到中间品贸易自由化的积极

————————

① 工业企业数据库并没有直接提供企业的性质，我们计算了国有资本占实收资本的比例，如果这一比例大于 50%，就视企业为国有企业；小于等于 50% 则认为是非国有企业。

影响，并且对国有企业的影响要大于对非国有企业的影响。

根据外商投资情况，将企业分为外资企业和内资企业。[①] 从表 4 - 9 第
（5）列和第（6）列可以看出，最终品贸易自由化对外资企业的劳动力需求
没有影响，但是对内资企业的劳动力需求的影响显著为正。而表 4 - 10 第
（1）列和第（2）列的结果表明，中间品贸易自由化与最终品贸易自由化相
似，只对内资企业有显著的积极影响，通过比较二者的系数绝对值，可以
发现，中间品贸易自由化对内资企业劳动力需求的影响比最终品贸易自由
化大且更显著。

表 4 - 9 异质性分析（Ⅲ）

变量	（1）国有企业	（2）非国有企业	（3）国有企业	（4）非国有企业	（5）外资企业	（6）内资企业
output	- 0.000 (0.007)	- 0.004 * (0.002)			0.001 (0.003)	- 0.004 * (0.003)
input			- 0.377 *** (0.099)	- 0.068 ** (0.032)		
常数项	2.994 *** (0.137)	1.928 *** (0.031)	4.067 *** (0.305)	2.113 *** (0.099)	2.271 *** (0.057)	1.882 *** (0.032)
控制变量	是	是	是	是	是	是
企业固定效应	是	是	是	是	是	是
年份固定效应	是	是	是	是	是	是
观测值	42776	743151	44215	735878	163318	622601
R^2	0.338	0.342	0.338	0.343	0.445	0.308

注：*** 代表 1% 显著性水平，** 代表 5% 显著性水平，* 代表 10% 显著性水平；括号里是标准误。

最后，根据企业的出口交货值。将企业分为出口企业和非出口企业，
回归结果见表 4 - 10 的第（3）列到第（6）列。结果显示，最终品贸易自

---

① 如果外商资本与港澳台资本之和大于 0，就认为企业是外资企业；否则就认为是内资企业。

由化对出口企业没有影响但能够显著增加非出口企业的劳动力需求；中间品贸易自由化对出口企业和对非出口企业的劳动力需求都具有积极影响，并且对出口企业的影响要大于对非出口企业的影响。

表4－10   异质性分析（Ⅳ）

变量	（1）外资企业	（2）内资企业	（3）出口企业	（4）非出口企业	（5）出口企业	（6）非出口企业
output			0.003 (0.003)	-0.006** (0.003)		
input	0.002 (0.059)	-0.082** (0.036)			-0.104** (0.048)	-0.092** (0.041)
常数项	2.264*** (0.183)	2.100*** (0.109)	1.958*** (0.049)	1.918*** (0.037)	2.274*** (0.148)	2.172*** (0.123)
控制变量	是	是	是	是	是	是
企业固定效应	是	是	是	是	是	是
年份固定效应	是	是	是	是	是	是
观测值	163963	616122	248277	537650	250006	530087
R^2	0.445	0.309	0.410	0.298	0.410	0.299

注：***代表1%显著性水平，**代表5%显著性水平；括号里是标准误。

第三节　贸易自由化对企业劳动力需求影响的机制检验

第二章通过梳理现有的国际贸易相关理论，找出了贸易自由化影响企业劳动力需求的机制—生产率。当然，这可能并不是唯一的影响机制。本节将通过使用中国的微观企业数据，运用调节效应模型来验证这一影响机制是否成立，具体的验证结果见表4－11。

表 4 – 11　　　　　　　　　　　　　影响机制检验

变量	(1) work	(2) work	(3) add	(4) add	(5) work	(6) work
$output$	− 0. 003 (0. 002)		− 0. 003 * (0. 001)		− 0. 004 * (0. 002)	
$input$		− 0. 103 *** (0. 031)		0. 015 (0. 017)		− 0. 102 *** (0. 031)
$output \times lp$	− 0. 055 *** (0. 009)					
$input \times lp$		− 0. 161 *** (0. 029)				
$output \times add$					− 0. 003 *** (0. 001)	
$input \times add$						− 0. 035 *** (0. 003)
lp	− 0. 634 *** (0. 024)	− 0. 627 *** (0. 025)	3. 035 *** (0. 032)	3. 029 *** (0. 032)	− 0. 628 *** (0. 024)	− 0. 624 *** (0. 024)
add	0. 169 *** (0. 005)	0. 167 *** (0. 005)			0. 169 *** (0. 005)	0. 167 *** (0. 005)
常数项	0. 762 *** (0. 039)	0. 809 *** (0. 040)	− 1. 595 *** (0. 020)	− 1. 639 *** (0. 055)	3. 340 *** (0. 059)	3. 358 *** (0. 061)
控制变量	是	是	是	是	是	是
企业固定效应	是	是	是	是	是	是
年份固定效应	是	是	是	是	是	是
观测值	785927	780093	1274571	1264059	785927	780093
R^2	0. 338	0. 340	0. 827	0. 826	0. 338	0. 340

注：*** 代表 1% 显著性水平，* 代表 10% 显著性水平；括号里是标准误。

在第（1）列和第（2）列，在基准回归的基础上，增加了最终品关税和中间品关税与企业全要素生产率的交乘项。① 第（1）列回归结果显示，最终品关税与全要素生产率的交乘项的系数是显著为负的，而最终品关税

———————————
① 由于这三个变量都是连续型变量，因此，在涉及变量交乘时，对连续型变量作了中心化处理，后面的工业增加值也是同样的处理方法。

系数的符号也同样是负的，这表明，最终品贸易自由化确实能够通过影响企业的全要素生产率来影响企业对劳动力的需求。第（2）列的结果与第（1）列类似，说明中间品贸易自由化同样也可以通过影响企业的生产率来影响劳动力需求。

第二节提到，企业生产率的提高意味着企业的市场竞争力增强，根据新—新贸易理论，生产率足够高的企业可以在国内市场和国际市场同时发力，充分利用两个市场和两种资源。市场需求的提高往往会激励企业增加企业对劳动力等生产要素的投入从而扩大生产规模。与其他生产要素相比，劳动力比较特殊。由于国家对人员跨国流动的管控和限制，企业生产所需的劳动力一般只能从所在国获取，而不能通过贸易的方式获得，除非企业在国外设厂。因此，企业生产规模的扩大会增加对本国劳动力的需求。通过第（3）列到第（6）列对这一想法进行验证结果表明，在控制了关税水平、企业年龄等变量以后，全要素生产率对工业增加值的影响显著为正，而工业增加值是衡量企业生产规模的重要指标。因此，企业生产率的提升确实能够促进企业扩大生产规模。第（5）列和第（6）列的结果显示，企业的生产规模扩大能够显著增加企业对劳动力的需求，而引起生产规模扩大的一个原因是企业全要素生产率的提高。

因此，全要素生产率是贸易自由化影响企业劳动力需求的重要渠道。

第四节 本 章 小 结

本章从劳动力市场的需求侧出发，分析了贸易自由化（包括最终品贸易自由化和中间品贸易自由化）对企业劳动力需求的影响。首先，基准回归的结果显示，最终品贸易自由化和中间品贸易自由化都会显著增加企业对劳动力的需求且中间品贸易自由化的影响更大，而企业成立时间等变量也同样会影响企业的就业人数。其次，对基准回归结果进行了一系列检验，发现基准回归结果是稳健的。再次，为了解决内生性问题，使用了 DID 方法，内生性检验的结果证实了贸易自由化与企业劳动力需求之间存在因果关系。因此，本章得出了贸易自由化能够增加企业劳动力需求的结论。随后，为了检验贸易自由化对不同企业的影响，从生产率、企业类型、企业性质、是否出口几个视角进行异质性分析，发现贸易自由化对企业劳动力需求的影响确实会随着企业特征的改变而改变。最后，验证了生产率是贸易自由化影响企业劳动力需求的重要机制。

第五章　贸易自由化对劳动力
个体就业的影响分析

第四章从劳动力市场的需求侧出发，分析了贸易自由化对企业劳动力需求的影响。结果表明，无论是最终品贸易自由化还是中间品贸易自由化都会增加企业对劳动力的需求。作为劳动力的供给方，劳动力个体就业也可能会受到贸易自由化的影响，具体表现为劳动力找到工作的概率。只有劳动力找到工作，才能满足企业对劳动力的需求，实现劳动力市场的出清。与企业不同，劳动力个体能否实现就业，除了与劳动力市场上对劳动力的需求有关，同时也可能受到年龄、性别、受教育水平等个体因素的影响。因此，本章从劳动力市场的供给侧出发，分析贸易自由化对劳动力个体就业的影响及其影响机制。

第一节　贸易自由化对劳动力个体
就业影响的模型设计

一、模型设定

随着贸易自由化水平的提升，企业对劳动力的需求也会相应增加。但是，受地域、技能门槛等因素的影响，这些增加的劳动力需求并不一定能立即得到满足，劳动力短缺和失业并存的现象并不罕见。究其原因，主要是劳动力的个体就业状况在很大程度上受制于劳动力的个体特征，而部分个体特征也同样会受到贸易自由化的影响。因此，借鉴现有文献的做法，

运用 Probit 模型来分析贸易自由化对劳动力个体就业的影响。实证模型为

$$\Pr(job=1) = \Phi(\beta_0 + \beta_1\,change_{dt} + \beta_2\,mchange_{dt} + \gamma X_{idt} + \delta_1\sigma_d + \delta_2\theta_t)$$

$$(5-1)$$

其中，i 表示劳动力个体，d 表示城市，t 表示时间。job 表示劳动力的就业状况，是一个 $0\sim1$ 虚拟变量，当个体处于就业状态时，取值为 1；失业状态时取 0。$change$ 是城市层面的最终品贸易自由化水平，而 $mchange$ 表示城市层面的中间品贸易自由化水平。X_{idt} 是一组控制变量，σ_d 是城市固定效应，用来控制随城市但不随时间变动的变量，而 θ_t 是年份固定效应，用来控制不随城市但随时间变化的变量。[①]

二、变量说明

被解释变量是劳动力个体在被调查时的就业状态，根据受访者提交的问卷数据进行判定。[②] 如果受访者目前有工作，则 job 取 1，其余取 0。需要注意的是，在校学生由于尚未走上工作岗位，故也被视为是处于非就业状态。

核心解释变量是最终品贸易自由化水平和中间品贸易自由化水平，与第四章不同，本章的贸易自由化水平具体到城市层面，测算方法如下所述。

（1）通过公式（5-2）和公式（5-3）计算城市层面的最终品贸易自由化水平。

$$output_{jt} = \frac{\sum_{c\in j} n_{ct}\tau_{ct}^{HS6}}{\sum_{c\in j} n_{ct}}$$

$$(5-2)$$

其中，j 是 4 位码行业，$output_{jt}$ 是行业 j 在时间 t 的平均进口关税，c 是用 HS6 位编码表示的商品，τ_{ct} 是商品 c 在 t 年的进口关税率，n_{ct} 是商品 c 在 t 年的税目数。

[①] 第四章之所以选择直接使用进口关税，目的是在处理内生性时，方便使用 DID 方法。
[②] 本章使用的是中国城镇住户调查数据，在调查问卷中，有一项是询问调查对象的就业情况。就业情况分为 15 类，分别是：国有经济单位职工、城镇集体经济单位职工、其他各种经济类型单位职工、城镇个体或私营企业主、城镇个体或私营企业被雇者、离退休再就业人员、其他就业者、离退休人员、丧失劳动能力者、家务劳动者、待业人员、待分配者、在校学生、待升学者、其他非就业者。前 7 类被认为受访者目前是有工作的，属于就业人员；其余则被认为是处于非就业状态。

$$change_{dt} = - \sum_j \frac{l_{jd,2000}}{\sum_j l_{jd,2000}} \times (output_{jt} - output_{j,2000}) \qquad (5-3)$$

其中，d 代表城市①，$change_{dt}$ 是城市层面的最终品贸易自由化水平，$l_{jd,2000}$ 是根据中国工业企业数据库得到的 2000 年 d 城市各行业就业人数②。由于中国在加入 WTO 以后，关税水平大幅下降，因此，2001 年以后的关税一般会低于 2000 年，即 $output_{jt} - output_{j,2000}$ 大概率是负的。因此，前面加一个负号，可以把关税变化转化为正值，更便于理解。$change$ 越大，表明关税削减幅度越大，最终品贸易自由化水平也就越高。

（2）通过公式（5-4）和（5-5）计算城市层面中间品贸易自由化水平，其中，公式（5-4）与第三章中的公式（3-3）相同。

$$Int_{jt} = \sum_n \frac{input_{nj}^{2002}}{\sum_n input_{nj}^{2002}} \tau_{nt} \qquad (5-4)$$

其中，j 是 2 位行业代码，t 是时间。$input_{nj}^{2002}$ 为行业 j 在 2002 年使用投入品 n 的数量，τ_{nt} 为投入品 n 在 t 年的关税。

$$mchange_{dt} = - \sum_j \frac{l_{jd,2000}}{\sum_j l_{jd,2000}} \times (int_{jt} - int_{j,2000}) \qquad (5-5)$$

其中，$mchange_{dt}$ 是城市层面的最终品贸易自由化水平，$l_{jd,2000}$ 是根据中国工业企业数据库得到的 2000 年城市 d 在 j 行业的就业人数③，前面加负号的原因与 $change$ 是一样的，$mchange$ 越大，表明中间品贸易自由化水平越高。

控制变量包括年龄、年龄的平方、性别、婚姻状况、民族等。首先，现有文献在研究个体就业时，大多会同时把个体年龄和年龄的平方同时放入回归模型（张卫东等，2021；周闯和张世伟，2009）。这种设定充分考虑了人类的生命周期。年轻人在找工作时，往往受制于工作经验的欠缺，这会增加就业的难度；随着年龄的增长，人的阅历和工作经验日渐丰富，这

① 中国省地县码的前四位是城市代码，中国工业企业数据库、UHS 等数据库都使用这一代码来统计企业/个人所在的城市。
② 由于中国在 2001 年加入世界贸易组织，所以，2000 年的就业结构不会受到加入 WTO 的影响，保证了一定的外生性。
③ 中国工业企业数据库提供了企业所在的城市、行业、就业人数等数据，将企业数据分城市加总到行业层面，便得到城市层面的行业就业数据。

个阶段找工作是最容易的；此后，随着年龄的继续增长，个人的体力和精力开始下降，就业难度再次增加。因此，年龄和就业概率之间应该是呈一种倒 U 型关系。其次，性别差异体现在社会生活的各个方面，当然也包括劳动力市场。在第三章的现状分析中，已经通过一系列现实数据，描述了女性在就业上的种种劣势，因而性别必然会影响个体的就业状况。再次，中国人把婚姻看作是一个人成家立业的象征，人们为了维系婚姻，就必须有相应的经济基础，而就业获得的工资恰恰是大部分家庭最主要的收入来源。因此，已婚人士相较于未婚人士，其就业的动力更大，相应地，成功找到工作的概率可能更高。最后，民族对就业的影响是比较复杂的，一方面，中国的少数民族地区经济发展水平不高，就业机会相对较少；另一方面，中国对少数民族有政策上的照顾，其中也包括就业，这种政策上的倾斜有助于提升少数民族居民实现就业的成功率。

三、数据来源与描述性统计

本章的数据来源主要包括世界银行 WITS 数据库、WTO 关税数据库、中国工业企业数据库和中国城镇住户调查数据。其中，关税数据来自世界银行和 WTO，行业就业数据来自中国工业企业数据库，个体数据来自中国城镇住户调查数据。

中国城镇住户调查数据（Urban Household Survey，UHS）由国家统计局城市社会经济调查总队对全国进行的城市住户调查。变量包括：一是个人层次上的变量，如性别、年龄、文化程度、行业、职业、就业状况、工资等；二是家庭层次上的变量，如家庭总收入、家庭人口数、居住面积、房间个数、家庭财产等。目前，大部分文献使用的都是 2002—2009 年的数据（杨碧云，2014；陈斌开和杨汝岱，2013），也有少量学者使用了 2002 年以前的数据（王备和钱学锋，2020），主要原因在于 2002 年以前的数据缺少变量对照表。因而使用的是 2002—2009 年的数据来研究贸易自由化对劳动力个体就业的影响。

表 5-1 是本章的描述性统计，从中可以观察到各个变量的基本特征。第一，从个体的就业状况来看，平均就业率为 72.3%。第二，剔除了 16 岁

以下的样本；考虑到 2009 年以前的法定退休年龄是男性 60 岁，女性 55 岁，因而剔除了 60 岁以上的样本①。样本的平均年龄是 41 岁。第三，*gender* 表示性别，男性取值为 1，女性取值为 0。性别的均值是 0.488，说明样本中女性的比例更大。第四，*mariiage* 表示婚姻，如果受访者是未婚，*marriage* 取 0，否则取 1，其中离婚和丧偶的都视为已婚、另外，剔除了婚姻状况为"其他"的样本。第五，*educ* 是受教育水平，分为九个等级，由低到高分别是未上过学、扫盲班、小学、初中、高中、中专、大学专科、大学本科和研究生，对应的 *educ* 分别取 1 ~ 9。从均值来看，样本的平均受教育水平是高中。第六，*minzu* 表示民族，汉族取值为 1，少数民族取值为 0。根据 *minzu* 的均值，可以看出，样本中汉族人占 97.2%。

表 5 - 1　　　　　　　　　　　描述性统计

变量	观测值	均值	标准差	最小值	最大值
job	529000	0.723	0.448	0	1
change	529000	- 6.511	3.237	0.218	34.281
mchange	529000	- 8.831	1.157	5.175	10.315
age	529000	40.806	11.042	17	60
gender	529000	0.488	0.5	0	1
marriage	529000	0.849	0.358	0	1
educ	529000	5.475	1.495	1	9
minzu	529000	0.972	0.166	0	1

第二节　贸易自由化对劳动力个体就业
影响的回归结果分析

一、基准回归结果

根据公式（5 - 1），首先进行基准回归，结果见表 5 - 2。在第（1）

① 因为在判定被调查者的就业状态时，已经将离退休人员视为未就业，所以不再单独剔除 55 岁以上的女性样本。

列，仅使用最终品贸易自由化这一个解释变量；为了控制那些随城市变动的非时变因素和不随城市变动的时变因素对劳动力个体就业的影响，在第（1）列加入了城市固定效应和年份固定效应。回归结果显示，在控制了双重固定效应之后，最终品贸易自由化的系数显著为正，意味着最终品贸易自由化水平越高，劳动力个体实现就业的概率越大。第（2）列与第（1）列相似，只是把解释变量换成中间品贸易自由化水平。结果显示，中间品贸易自由化的回归系数也同样显著为正，表明中间品贸易自由化水平越高，劳动力个体越容易找到工作。在第（3）列，将两种贸易自由化指标同时作为解释变量，结果显示，二者的回归系数与第（1）列和第（2）列相同，仍然是显著为正的，但是系数变小了。在第（1）列的基础上，加入一系列控制变量，便得到第（4）列，最终品贸易自由化的回归系数依然显著为正，但数值略有下降。第（5）列是在第（2）列的基础上加入了控制变量，从而分析在排除了其他影响因素之后，中间品贸易自由化水平对个体就业的影响，回归结果与第（2）列相似。在第（3）列的基础上，加入控制变量，便得到第（6）列，结果显示，最终品贸易自由化水平的系数仍然显著为正。

表5-2　　基准回归

变量	(1) job	(2) job	(3) job	(4) job	(5) job	(6) job
change	0.018 *** (0.003)		0.016 *** (0.003)	0.015 *** (0.004)		0.014 *** (0.004)
mchange		0.170 *** (0.042)	0.136 *** (0.043)		0.102 ** (0.050)	0.072 (0.051)
age				0.428 *** (0.002)	0.428 *** (0.002)	0.428 *** (0.002)
age²				-0.006 *** (0.000)	-0.006 *** (0.000)	-0.006 *** (0.000)

续表

变量	(1) *job*	(2) *job*	(3) *job*	(4) *job*	(5) *job*	(6) *job*
gender				0.831*** (0.005)	0.831*** (0.005)	0.831*** (0.005)
marriage				0.669*** (0.011)	0.669*** (0.011)	0.669*** (0.011)
educ				0.249*** (0.002)	0.249*** (0.002)	0.249*** (0.002)
minzu				−0.006 (0.014)	−0.006 (0.014)	−0.006 (0.014)
常数项	0.494*** (0.019)	−0.484* (0.262)	−0.346 (0.264)	−9.089*** (0.046)	−9.655*** (0.317)	−9.532*** (0.319)
城市固定效应	是	是	是	是	是	是
年份固定效应	是	是	是	是	是	是
观测值	528628	528628	528628	528627	528627	528627
R^2	0.010	0.010	0.010	0.335	0.335	0.335

注：***代表1%显著性水平，**代表5%显著性水平，*代表10%显著性水平；括号里是标准误；age 表示年龄，age^2 表示年龄的平方。

正如第四章所述，现有文献在研究贸易自由化问题时，有些学者会将最终品贸易自由化和中间品贸易自由化分别进行回归（正如第四章所做的那样），另一部分学者则是把二者同时作为解释变量进行回归。鉴于中间品贸易自由化水平的回归系数不稳健，所以本章采用后一种方法，把两种贸易自由化同时纳入回归模型。第（6）列的回归结果表明，最终品贸易自由化对个体就业的影响显著为正。通过计算边际效应，发现最终品贸易自由化水平每提升1个百分点，个体就业的成功率能够提升0.31%。

从控制变量来看，年龄的回归系数显著为正，而年龄平方的回归系数显著为正，这与本书的预期相符。这一结果表明，个体就业与年龄的关系呈倒 U 型，即中年人找工作最容易，而青年人和老年的就业难度相对较大。

性别的回归系数显著为正，这表明相对于女性，男性更容易实现就业、婚姻的回归系数同样是显著为正，意味着已婚人士更容易找到工作，受教育水平的回归系数显著为正，表明随着学历的提升，个体越容易实现就业，这在一定程度上驳斥了"读书无用论"。边际效应的计算结果表明，学历每提升一个层次，个体的就业概率提升 5.47%。民族的回归系数不显著，说明汉族和少数民族在就业方面并没有区别。

二、稳健性检验

通过基准回归，可以初步认定，最终品贸易自由化水平越高，劳动力个体越容易实现就业。为了检验这一结论的稳健性，做了一系列检验，检验结果见表 5 - 3 和表 5 - 4。

表 5 - 3 　　　　　　　　　　稳健性检验（Ⅰ）

变量	(1) job	(2) job	(3) job	(4) job	(5) job	(6) job
change	0.031*** (0.006)		0.027*** (0.006)	0.026*** (0.007)		0.025*** (0.008)
mchange		0.278*** (0.070)	0.221*** (0.072)		0.148 (0.090)	0.095 (0.092)
常数项	0.795*** (0.032)	-0.800* (0.441)	-0.571 (0.445)	-15.913*** (0.082)	-16.711*** (0.569)	-16.499*** (0.573)
控制变量	否	否	否	是	是	是
城市固定效应	是	是	是	是	是	是
年份固定效应	是	是	是	是	是	是
观测值	528628	528628	528628	528627	528627	528627
R^2	0.010	0.010	0.010	0.336	0.336	0.336

注：***代表1%显著性水平，*代表10%显著性水平；括号里是标准误。

表 5 - 4　　　　　　　　　　　稳健性检验（Ⅱ）

变量	（1） job	（2） job	（3） job	（4） job	（5） job
change	- 0.014 *** （0.004）	- 0.007 *** （0.001）	- 0.014 *** （0.004）	- 0.014 *** （0.005）	
mchange	- 0.073 （0.051）	- 0.017 * （0.009）	- 0.146 *** （0.052）	- 0.166 ** （0.065）	
hukou	0.049 *** （0.015）				
incf			0.523 *** （0.064）		
$incf^2$			- 0.007 ** （0.003）		
educinvest				- 0.000 *** （0.000）	
change_1					- 0.008 *** （0.002）
mchange_1					- 0.009 （0.035）
常数项	- 9.550 *** （0.319）	- 9.063 *** （0.070）	- 14.699 *** （0.470）	- 10.452 *** （0.404）	- 9.043 *** （0.066）
控制变量	是	是	是	是	是
城市固定效应	是	否	是	是	是
年份固定效应	是	是	是	是	是
省份固定效应	否	是	否	否	否
观测值	528627	528627	528623	358074	528627
R^2	0.335	0.330	0.350	0.370	0.335

注：*** 代表1% 显著性水平，** 代表5% 显著性水平，* 代表10% 显著性水平；括号里是标准误。

在表 5 - 3 中，更换了实证方法，用 Logit 模型取代基准回归中的 Probit 模型，重新对基准回归进行估计。回归结果表明，前 4 列的结果与基准回归是一致的，但核心解释变量的回归系数比基准回归要大。在第（5）列，中间品贸易自由化的回归系数不显著，在基准回归中它是显著的，这证明中间品贸易自由化对劳动力个体就业的影响是不稳健的。在第（6）列，最终品贸易自由化仍然对劳动力个体就业具有显著的正向影响，且系数比基准回归更大。控制变量回归系数的符号和显著性也没有发生改变，但数值变大了。

首先，考虑到中国的城乡二元结构，将受访者的户口状况作为控制变量加入到模型中，用 hukou 表示。UHS 中的户口状况共有四种，分别是本市（县）非农业户口、本市（县）农业户口、外地非农业户口、外地农业户口。其中，第一种和第三种是非农业户口，hukou 取值为 0；第二种和第四种是农业户口，hukou 取值为 1。表 5 - 4 的第（1）列表明，在控制了受访者的户口状况之后，最终品贸易自由化的回归系数还是显著为正。其次，在第（2）列加入省份固定效应，以控制省份层面的变量对个体就业的影响，最终品贸易自由化的回归系数与基准回归一致。再次，在第（3）列，把家庭总收入作为受访者家庭经济条件的衡量指标纳入回归模型，并且对家庭总收入取了对数，用 incf 表示。家庭经济条件对劳动力个体的影响比较复杂，一方面，家庭越富裕，个体外出工作的意愿可能越不强烈，而且期望的薪资也会比较高，因而就业难度相对较大；另一方面，家庭条件越好，家里的人脉等社会资源往往越丰富，在当今社会，这些资源对于个体的就业有一定的帮助。第（3）列的结果显示，在控制了家庭总收入之后，最终品贸易自由化的回归系数仍然显著为正，但系数有所减小。家庭总收入对个体就业有显著的促进作用，这反映出家庭背景对个体就业的重要性。随后，在第（4）列，控制了家庭教育支出并将其作为家庭人力资本投资的衡量指标，用 educinvest 表示。结果表明，最终品贸易自由化的系数仍然与基准回归保持一致。家庭教育投入自身的回归系数显著为负，这与预期相反，但是，它的系数非常小，因而可以忽略不计。最后，参考部分学者的做法，考虑到关税影响的时滞，用滞后一期的关税来计算当期的贸易自由化水平，分别用 change_1 和 mchange_1 表示。第（5）列的回归结果显示，最终品贸易自由化对劳动力个体就业的影响显著为正，而中间品贸易自由化对个体就业的影响不显著。

上述结果表明，基准回归的结果是稳健的。

三、内生性检验

内生性的来源主要包括反向因果、遗漏变量偏差和测量误差。在本章中，可能存在反向因果。贸易自由化导致大量国外商品涌入国内市场，对国内的进口竞争行业带来冲击，进而影响国内的劳动力需求和个体就业。这也正是部分欧美发达国家的民众反对贸易自由化、反对经济全球化的原因。因此，出于对自身就业机会的考虑，劳动力个体可能会通过各种渠道影响政府的贸易政策。结合中国的实际情况，这种反向因果问题在中国并不严重。借助在劳动力上的比较优势，劳动密集型产品在中国的出口中占据重要地位，而中国的进口则是以装备、原材料等产品为主，劳动密集型产品所占的份额很小。因此，作为就业大户，劳动密集型企业受贸易自由化的冲击很小，其他受冲击行业由于人数相对较少，因而反对贸易自由化的声音不是很大。再者，在计算贸易自由化水平时，就对反向因果问题有所考虑。在公式（5-3）和公式（5-5）中，参考巴蒂克（Bartik，1991）和巴蒂克（Bartik，2006），构建了类似于"巴蒂克工具变量"（Bartik Instrument）的变量，即用 2000 年每个城市的就业结构作为计算城市层面贸易自由化水平的权重。2000 年中国尚未加入世界贸易组织，所以 2000 年的就业结构并不受贸易自由化的影响。因此，这种构建方法一定程度上保证了贸易自由化水平具有相对外生性。

为了进一步解决内生性问题，尝试为关税水平找一个工具变量。参考布兰特等（Brandt et al.，2017）的研究，用中国加入 WTO 时所承诺的约束关税来重新计算最终品贸易自由化水平和中间品贸易自由化水平，分别作为基准回归中最终品贸易自由化和中间品贸易自由化的工具变量。实际关税税率在调整过程中可能受到种种因素的影响，但承诺关税及其最终实施时间却是中国在加入世贸组织之前就已经确定的。如果中国未落实约束关税，其他世贸组织成员有权起诉中国。因此，与实际关税水平相比，约束关税几乎不受外力影响，其具有更强的外生性。内生性检验的结果见表 5-5。

表 5-5   内生性检验

变量	(1) job	(2) job	(3) job	(4) job
change	0.036 ** (0.015)	0.050 *** (0.018)	0.036 ** (0.015)	0.050 *** (0.019)
mchange	-0.598 (0.421)	0.034 (0.489)	-0.598 (0.422)	0.034 (0.515)
常数项	4.146 (2.588)	-9.468 *** (3.007)	4.148 (2.591)	-9.470 *** (3.160)
控制变量	是	是	是	是
城市固定效应	是	是	是	是
年份固定效应	是	是	是	是
第一阶段 F 值			99999.00	98497.78
观测值	528628	528627	528628	528627
R^2			0.9721	0.9721

注：*** 代表 1% 显著性水平，** 代表 5% 显著性水平；括号里是标准误；此处使用 Stata 中的 Ivprobit 命令进行回归，回归结果没有提供 R^2 值；两阶段回归汇报的是第二阶段的回归结果，全书同。

表 5-5 的第（1）列和第（2）列使用的是极大似然估计（ML），在第（1）列，没有控制年龄等变量，最终品贸易自由化水平的系数与基准回归相比，数值变大，显著性略有下降。在第（2）列，加入了基准回归中的控制变量，最终品贸易自由化的回归系数仍然显著为正，并且系数比基准回归大。在第（3）列和第（4）列，使用的是两阶段估计法，回归结果汇报了第一阶段的 F 值以判定内生变量和工具变量之间的相关性。从 F 值可以看出，工具变量的相关性条件得以满足。从回归结果来看，两种方法得到的结果区别不大。但是，最终品贸易自由化的回归系数比基准回归大。这表明，基准回归可能低估了最终品贸易自由化对个体就业的影响。

基准回归、稳健性检验和内生性检验的结果表明，最终品贸易自由化能够显著促进劳动力个体就业。

四、异质性分析

虽然已经证实最终品贸易自由化能够显著促进劳动力个体就业，但是，鉴于个体之间的差异，最终品贸易自由化对劳动力个体就业的影响在个体之间也可能存在异质性。

首先，考虑到男性和女性在生理和心理上的差异以及劳动力市场上普遍存在的性别歧视，对男性和女性进行分组回归。表 5 - 6 前两列的结果表明，最终品贸易自由化对男性和女性的个体就业都具有显著的促进作用，男性和女性都能从最终品贸易自由化进程中受益，因而在这一过程中并不存在性别歧视现象。

表 5 - 6　　　　　　　　　　　　异质性分析（Ⅰ）

变量	（1）女性	（2）男性	（3）东部	（4）中部	（5）西部
change	0. 013 ** (0. 005)	0. 017 ** (0. 007)	0. 020 *** (0. 006)	0. 040 *** (0. 010)	0. 008 (0. 013)
mchange	0. 024 (0. 067)	0. 156 * (0. 082)	- 0. 005 (0. 168)	0. 166 ** (0. 075)	0. 068 (0. 084)
常数项	- 9. 600 *** (0. 419)	- 9. 421 *** (0. 510)	- 8. 980 *** (1. 048)	- 10. 566 *** (0. 462)	- 9. 153 *** (0. 531)
控制变量	是	是	是	是	是
城市固定效应	是	是	是	是	是
年份固定效应	是	是	是	是	是
观测值	270879	257748	263377	188708	76542
R^2	0. 316	0. 362	0. 326	0. 353	0. 327

注：*** 代表1%显著性水平，** 代表5%显著性水平，* 代表10%显著性水平；括号里是标准误。

其次，考虑到中国的地区差异，东部、中部和西部在自然条件、经济发展水平和对外开放程度上存在的差异，在表 5 − 6 的第（3）列到第（5）列分别对东部、中部和西部的样本进行分组回归。结果表明，最终品贸易自由化能够显著促进东部和中部地区的劳动力个体就业，但是对西部地区的影响并不显著。可能的原因是西部地区的经济发展水平与东中部相比有些落后，相应地对劳动力的需求更少；另外，就对外开放程度而言，西部地区的开放程度相比东部和中部要逊色一些。

再次，考虑到中国的城乡二元结构，在表 5 − 7 中分别对四种户口类型的样本进行分组回归。回归结果表明，最终品贸易自由化水平的提升对本市（县）非农业户口和本市（县）农业户口的劳动力个体的就业具有明显的促进作用，而对外地非农业户口和外地农业户口的影响不显著。

表 5 − 7 异质性分析（Ⅱ）

变量	（1） job	（2） job	（3） job	（4） job
change	0.013 *** （0.004）	0.080 ** （0.035）	0.065 （0.054）	− 0.057 （0.054）
mchange	0.090 * （0.052）	− 0.387 （0.452）	1.748 *** （0.592）	− 2.118 *** （0.793）
常数项	− 9.744 *** （0.327）	− 5.639 ** （2.789）	− 18.084 *** （3.645）	7.382 （4.883）
控制变量	是	是	是	是
城市固定效应	是	是	是	是
年份固定效应	是	是	是	是
观测值	510212	9069	5438	3554
R^2	0.339	0.302	0.338	0.309

注：*** 代表 1% 显著性水平，** 代表 5% 显著性水平，* 代表 10% 显著性水平；括号里是标准误；第（1）列到第（4）列对应的户口类型分别是本市（县）非农业户口、本市（县）农业户口、外地非农业户口和外地农业户口。

最后，鉴于个体就业与年龄之间的倒 U 型关系，按年龄将受访者分为四组，分别是 30 岁以下、30 ~ 40 岁、40 ~ 50 岁和 50 ~ 60 岁。分组回归的结果见表5-8。结果显示，最终品贸易自由化对30岁以下、30~40岁和40~50岁的人都有显著的正向影响，其中对30~40岁的影响最大，其次是30岁以下的年轻人，面对40~50岁的劳动力个体就业的影响没有前两者那么显著。对于50~60岁的劳动力个体，最终品贸易自由化对于能否找到工作没有显著的影响。这样的异质性结果与之前提到的年龄与个体就业之间的倒U型关系相吻合。

表5-8   异质性分析（Ⅲ）

变量	（1） <30岁	（2） 30~40岁	（3） 40~50岁	（4） 50~60岁
change	-0.024*** (0.009)	-0.030*** (0.009)	-0.017** (0.008)	0.008 (0.008)
mchange	-0.149 (0.123)	-0.152 (0.099)	-0.104 (0.096)	0.014 (0.106)
常数项	-23.002*** (0.837)	-4.375*** (1.057)	-13.167*** (1.349)	2.398 (1.587)
控制变量	是	是	是	是
城市固定效应	是	是	是	是
年份固定效应	是	是	是	是
观测值	95210	136155	159652	137260
R^2	0.356	0.182	0.175	0.311

注：***代表1%显著性水平，**代表5%显著性水平；括号里是标准误。

第三节　贸易自由化对劳动力个体就业
影响的机制检验与拓展分析

一、影响机制检验

第二章通过理论梳理，推导出贸易自由化对劳动力个体就业的影响机制是受教育水平、人口迁移、正规就业与非正规就业的比重等。本节使用中国城镇住房调查数据对这一观点进行验证。[①] 在进行机制检验的过程中，参考吕越等（2019）的方法，对影响机制进行检验，检验结果见表5 – 9。

表5 – 9　　　　　　　　　　　机制检验

变量	(1) job	(2) educ	(3) move	(4) job
change	0. 014 *** (0. 004)	0. 018 *** (0. 003)	0. 077 *** (0. 010)	0. 015 *** (0. 004)
mchange	0. 072 (0. 051)	0. 159 *** (0. 042)	0. 090 (0. 117)	− 0. 068 (0. 051)
educ	0. 249 *** (0. 002)		− 0. 161 *** (0. 004)	0. 250 *** (0. 002)
move				− 0. 015 (0. 019)
change × move				− 0. 007 (0. 006)
qytime				− 0. 000 (0. 000)
常数项	− 9. 532 *** (0. 319)	4. 301 *** (0. 264)	0. 197 (0. 725)	− 9. 412 *** (0. 324)
控制变量	是	是	是	是
城市固定效应	是	是	是	是
年份固定效应	是	是	是	是
观测值	528627	528627	507516	528139
R^2	0. 335	0. 158	0. 190	0. 335

注：*** 代表1%显著性水平；括号里是标准误。

① 由于 UHS 数据中没有涉及是否签订劳动合同这一选项，因而无法区分劳动力个体是正规就业还是非正规就业。因此，本节只对受教育水平和人口迁移这两种影响机制进行检验。

第（1）列是基准回归结果，从中可以看出，受教育水平对劳动力个体就业有显著的促进作用。换言之，学历越高，个体实现就业的概率越大。在第（2）列，将被解释变量换成受教育水平。回归结果表明，最终品贸易自由化能够显著提高劳动力个体的受教育水平。第（1）列和第（2）列的结果表明，受教育水平是最终品贸易自由化对劳动力个体就业的影响机制。为了进一步验证，参考温忠麟和叶宝娟（2014）、朱金生和李蝶（2019）、祝树金等（2018），运用中介效应模型对教育这一影响机制进行检验，验证结果见附表2。附表2第（1）列和第（3）列的结果证实了受教育水平是最终品贸易自由化影响劳动力个体就业的机制。

在表5-9的第（3）列，将被解释变量换成人口迁移，它是一个0~1虚拟变量。如果受访者是从外地迁移到本地，则 move 取值为1，否则取0。人口迁移的判定标准是根据受访者的户口类型，如果是外地非农业户口和外地农业户口，则认为他/她经历了人口迁移。从第（3）列的结果来看，一座城市的最终品贸易自由化水平越高，越能吸引外地人前来寻找就业机会，这也是为什么大量劳动力前往东南沿海地区打工。同时，这也就意味着人口迁移是最终品贸易自由化影响劳动力个体就业的机制。但是，附表2第（4）列到第（5）列的中介效应模型回归结果表明，人口迁移对劳动力个体就业并没有显著的影响。为了进一步验证，在表5-9的第（4）列，加入了最终品贸易自由化和人口迁移的交乘项。从交乘项的系数来看，人口迁移对最终品贸易自由化和劳动力个体就业之间的关系并没有显著的影响。

因此，受教育水平是贸易自由化影响劳动力个体就业的渠道，而人口迁移的作用不明显。

二、拓展分析

经过上述分析，明确了最终品贸易自由化对劳动力个体就业的影响及其影响机制。第三章分析了中国就业人员的工资水平和工作强度，其中，工作强度用工作时间表示。那么，最终品贸易自由化对工资水平和工作时间是否有影响，这正是拓展分析部分想要探讨的内容。

表 5 - 10 是贸易自由化对工资的影响，按照不同的职业进行分组回归。结果显示，最终品贸易自由化能够促进除国家机关党群组织以及生产工人、运输工人和有关人员以外的 6 种职业的工资水平；中间品贸易自由化除了对农林牧渔劳动者和不便分类的其他劳动者没有影响外，对其余 6 种职业的工资水平都有明显的促进作用。

表 5 - 10　　　　　　　　贸易自由化对工资的影响

变量	（1）职业 1	（2）职业 2	（3）职业 3	（4）职业 4
change	1179.710 ***(119.291)	80.550(220.021)	760.996 ***(78.923)	226.259 **(89.641)
mchange	4123.742 ***(749.425)	5356.596 ***(1302.521)	1109.301 *(581.941)	2555.699 ***(678.160)
常数项	-39352.216 ***(4712.414)	-58336.617 ***(7986.416)	-23375.658 ***(3598.013)	-12896.898 ***(4184.535)
控制变量	是	是	是	是
城市固定效应	是	是	是	是
年份固定效应	是	是	是	是
观测值	42810	41012	94377	45258
R^2	0.406	0.316	0.337	0.249
变量	（5）职业 5	（6）职业 6	（7）职业 7	（8）职业 8
change	129.673 *(70.392)	832.413 *(487.766)	22.585(57.343)	437.872 ***(154.919)
mchange	1888.975 ***(633.633)	-979.641(6392.912)	4066.298 ***(498.102)	-702.744(1006.355)
常数项	-6691.434 *(3925.879)	3496.249(39787.679)	-19524.711 ***(3080.220)	2504.920(6487.334)
控制变量	是	是	是	是
城市固定效应	是	是	是	是

续表

变量	（5） 职业5	（6） 职业6	（7） 职业7	（8） 职业8
年份固定效应	是	是	是	是
观测值	32352	28429	56243	12391
R^2	0.262	0.235	0.332	0.263

注：*** 代表1%显著性水平，** 代表5%显著性水平，* 代表10%显著性水平；括号里是标准误；职业1到职业8对应的职业分别是专业技术人员，国家机关党群组织，办事人员和管理人员，商业工作人员，服务性工作人员，农林牧渔劳动者，生产工人、运输工人和有关人员，不便分类的其他劳动者，下同。

与工资相比，贸易自由化对工作时间的影响显得更加复杂。表5-11是贸易自由化对8种职业的劳动力个体工作时间的影响。在中国城镇住房调查数据中，有一项是询问受访者上一个月工作了多少个小时，根据这项数据来确定个体的工作时间。结果显示，最终品贸易自由化水平的提升会显著增加专业技术人员、国家机关党群组织、办事人员和管理人员、商业工作人员这4种职业的工作时间，同时也会显著减少服务性工作人员和不便分类的其他劳动者的工作时间。中间品贸易自由化水平的提升会导致不便分类的其他劳动者的工作时间增加，而专业技术人员以及生产工人、运输工人和有关人员的工作时长则会由于中间品贸易自由化水平的提高而明显减少。

表5-11　　　　　　　　　贸易自由化对工作时长的影响

变量	（1） 职业1	（2） 职业2	（3） 职业3	（4） 职业4
change	1.062 *** (0.301)	1.587 ** (0.697)	1.293 *** (0.232)	2.317 *** (0.821)
mchange	-5.948 ** (2.948)	-8.524 (5.217)	1.284 (2.780)	9.869 (10.753)
常数项	212.563 *** (18.664)	230.154 *** (33.003)	156.937 *** (17.384)	135.529 ** (67.329)

变量	（1） 职业1	（2） 职业2	（3） 职业3	（4） 职业4
控制变量	是	是	是	是
城市固定效应	是	是	是	是
年份固定效应	是	是	是	是
观测值	36193	8376	52348	14440
R^2	0.138	0.209	0.122	0.160
变量	（5） 职业5	（6） 职业6	（7） 职业7	（8） 职业8
change	− 1.126 ** （0.506）	0.288 （4.543）	0.349 （0.302）	− 3.090 ** （1.363）
mchange	0.595 （7.501）	− 58.731 （72.888）	− 8.114 ** （3.770）	35.180 ** （14.312）
常数项	182.800 *** （46.866）	472.449 （459.952）	218.391 *** （23.673）	− 8.120 （92.137）
控制变量	是	是	是	是
城市固定效应	是	是	是	是
年份固定效应	是	是	是	是
观测值	31272	498	55618	5878
R^2	0.125	0.549	0.109	0.175

注：*** 代表1% 显著性水平，** 代表5% 显著性水平；括号里是标准误。

第四节　本章小结

本章立足劳动力市场的供给侧，探究贸易自由化对劳动力个体就业的影响。首先，基准回归结果表明，最终品贸易自由化能够显著提高劳动力个体的就业概率，而中间品贸易自由化对个体就业的影响有待进一步验证。其次，运用更换实证模型、增加控制变量等方法进行稳健性检验，检验结果表明，最终品贸易自由化对个体就业的影响是稳健的，而中间品贸易自由化的影响并不稳健。再次，为了克服内生性问题，一方面，参考 Bartik 工具变量来构建贸易自由化指标；另一方面，使用中国加入 WTO 时承诺的约束关税作为实际关税的工具变量进行内生性检验，检验结果与基准回归一致。因此，我们认为，最终品贸易自由化对劳动力个体就业具有显著的促进作用。最终品贸易自由化水平越高，个体实现就业的概率也就越大。再者，为了研究贸易自由化对劳动力个体就业的异质性影响，从年龄、性别、地区和户口类型 4 个维度进行异质性分析，发现最终品贸易自由化对个体就业的影响确实是随着个体特征的不同而改变。此外，依据机制检验的结果，受教育水平是贸易自由化影响劳动力个体就业的渠道，而人口迁移的作用并不明显。最后，从工资水平和工作时间的视角，拓展分析了贸易自由化对劳动力个体就业的影响。结果表明，最终品和中间品贸易自由化都会增加绝大部分职业的工资，但是对工作时间的影响在职业上存在异质性。

第六章　贸易自由化对劳动力代际职业流动的影响分析

第三章分析了中国代际职业流动的现状及其特征。而第四章和第五章，分别从劳动力市场的需求侧和供给侧，研究了贸易自由化对就业的影响。由于没有区分劳动者的代际，所以第四章和第五章严格意义上研究的是贸易自由化在代际层面对就业的静态影响。为了揭示贸易自由化在代际层面对劳动力就业的动态影响，第六章立足代际视角，探讨了贸易自由化对代际职业流动的影响及其影响机制。前文提到，劳动力代际职业流动是就业公平的重要体现，所以本章的研究成果也有助于分析贸易自由化对中国就业公平乃至社会公平的影响。

第一节　贸易自由化对劳动力代际职业流动影响的模型设计

一、模型设定

正如第五章所言，劳动力个体就业与年龄、婚姻、性别等个体特征有着密切联系。而根据阿赫桑和查特吉（Ahsan & Chatterjee，2017），地区层面的经济特征也同样会影响个体的就业选择。再者，既然研究的是代际职业流动，所以父代与子代的个体特征都应被纳入实证模型。在中国，尤其是农村地区，通常是父亲外出工作而母亲在家照顾孩子。因此，相较于母

亲，父亲的就业信息更加丰富。鉴于此，在实证模型中，使用的是父亲与子女的个体特征变量。根据以上分析，设定实证模型为

$$\Pr(\textit{diff}=1)=\Phi(\beta_0+\beta_1\ \textit{change}_{pt}+\beta_2\ \textit{mchange}_{pt}+\gamma X_{cp}+\theta X_{fp}+\mu X_p+\delta\sigma_p)$$

$$(6-1)$$

$$\Pr(\textit{up}=1)=\Phi(\beta_0+\beta_1\ \textit{change}_{pt}+\beta_2\ \textit{mchange}_{pt}+\gamma X_{cp}+\theta X_{fp}+\mu X_p+\delta\sigma_p)$$

$$(6-2)$$

$$\Pr(\textit{down}=1)=\Phi(\beta_0+\beta_1\ \textit{change}_{pt}+\beta_2\ \textit{mchange}_{pt}+\gamma X_{cp}+\theta X_{fp}+\mu X_p+\delta\sigma_p)$$

$$(6-3)$$

其中，p 代表省份，c 代表子女，f 代表父亲。$\textit{diff}$ 是一个 0 ~ 1 虚拟变量，如果子女的职业和父亲的职业不同，则 $\textit{diff}$ 取值为 1，表明父亲与子女之间实现了代际职业流动；否则 $\textit{diff}$ 取值为 0。$\textit{up}$ 表示子女的职业好于父亲的职业，即代际职业向上流动。这里所说的好职业指的是子女职业的 ISEI[①] 得分高于父亲的职业。与之相对的是 $\textit{down}$，表示子女的职业比父亲的差，即子女职业的 ISEI 得分比父亲低。换言之，父亲与子女的职业之间的关系属于向下流动。$\textit{change}$ 和 $\textit{mchange}$ 分别表示省份层面的最终品贸易自由化水平和中间品贸易自由化水平。X_{cp} 表示子女的相关控制变量，X_{fp} 表示父亲的相关控制变量，X_p 表示省份层面的控制变量。σ_p 是省份固定效应用于控制随省份变化不随时间变化的因素。

二、变 量 说 明

本章的被解释变量是 $\textit{diff}$、$\textit{up}$ 和 $\textit{down}$。在 CFPS 的调查问卷中，询问了受访者的职业信息，也包括其父母、子女、配偶的职业信息。如果子女的职业代码（5 位）与父亲的职业代码完全相同，则认为父亲与子女的职业在

---

① ISEI 是国际社会经济地位指标（International Socioeconomic Index）的简称。社会经济地位指标（SEI）由美国社会学家奥的斯·邓肯（Otis Duncan）发明，并用于彼得·布劳（Peter Blau）与他合著的开创性著作《美国职业结构》中，因此该指标也被称为 DSI。用于构造 SEI 的相关变量通常是教育和收入，但这里的教育和收入是指每一种职业从业者教育和收入的平均水平。SEI 衡量了一份职业所具有的特征能在多大程度上把人的人力资源（教育）转化为人获得的报酬（收入）。后来，SEI 指标经过甘泽布姆、德－格拉夫、特雷曼（Ganzeboom, De Graaf & Treiman）的发展，形成了国际通用的版本，即 ISEI。大多数职业的 ISEI 分值为 20 ~ 80 分，社会经济地位越高的职业 ISEI 越高。

代际实现了传承；如果子女的职业代码与父亲不同，则认为职业在两代人之间实现了流动。

最终品贸易自由化水平和中间品贸易自由化水平是本章的核心解释变量。与第五章不同，本章的贸易自由化水平具体到省份层面。之所以这么做，是因为 CFPS 并没有公开样本所在区县的原始代码，只公开了区县顺序码①。而在第五章所使用的 UHS 数据则提供了样本所在城市的省地县码。两种贸易自由化指标的构建方法与第五章相同，只是从城市层面加总到省份层面，此处不再赘述。

子女相关的控制变量包括年龄、年龄的平方、性别、婚姻状况、是否少数民族、是否独生子女、家庭排序。首先，将子女年龄和子女年龄的平方作为控制变量纳入回归模型。在有关代际收入流动性的文献中，子女和父亲收入之间的相关性显示出一个清晰的生命周期模式（Haider & Solon，2006）。特别是，子女年轻时的收入水平与父子收入之间的相关性相对较低，而随着子女年龄的增长，父亲与子女的收入之间的相关性相对较高。这表明，随着子女年龄的增加，收入的代际流动减弱。这种收入上的代际流动也会反映在职业选择上，在代际职业流动的情况下，生命周期模式的性质可能是相反的。年轻子女从事的职业并不能准确反映他们的永久职业（Ahsan & Chatterjee，2017）。伴随着年龄的增加，子女的职业与父亲职业的关联性可能会提高。因此，子女的年龄是一个重要的控制变量。加入年龄平方的目的在于检验代际职业流动与年龄之间是否存在 U 型/倒 U 型关系，分别用 age 和 age^2 表示。其次，性别和婚姻是研究就业问题时最常用的控制变量（杨沫等，2019；卢盛峰等，2015；邢春冰，2006），分别用 $gender$ 和 $marriage$ 表示。再次，为了应对人口膨胀带来的一系列社会经济问题，中国从 20 世纪 70 年代末开始实施计划生育政策，提倡一对夫妻只生一个孩子。独生子女作为家庭中唯一的孩子，承载着整个家庭的希望。因此，在独生子女进行职业选择时，相比于非独生子女家庭，父母往往会进行更多的干预。一方面，他们希望孩子比自己过得更好，从事更有前途的职业；

---

① 出于对受访者的隐私保护，样本所属的区县信息需要单独申请，目前作者没有拿到相关的数据。

另一方面，如果父亲的职业享有较高的社会经济地位，"子承父业"的传统又可能会提升独生子女从事与父亲相同职业的可能性。模型中用 *dusheng* 表示独生子女，当受访者是独生子女时，*dusheng* 取值为 1；否则取值为 0。但是，在中国，独生子女家庭并不是社会主流，尤其是在广大农村地区，大部分家庭养育了两个及以上的子女。受传统文化的影响，长子（女）在家庭中占有非常重要的地位。由于最为年长，长子（女）通常是第一个进入职场的，父母对其职业选择往往非常重视。这一点与独生子女比较相似。*laoda* 表示是否是长子（女），是则取 1，否则取 0。最后，与汉族相比，少数民族居民更重视生活传统、文化和职业的传承。但是，随着民族地区经济发展水平的提升，这一现象也正在发生改变。模型中用 *ssmz* 来表示受访者是否是少数民族居民，是则取 1，否则取 0。

由于是通过比较子女与父亲的职业来判定代际是否实现了职业流动，因此，父亲的个体特征通过影响父亲的职业选择同样也会影响到代际职业流动。与子女相似，与父亲相关的控制变量包括年龄、年龄的平方和受教育水平，分别用 age_f、age^2_f 和 *feduc* 表示、省份层面的控制变量包括 2000 年（政策实施前一年）的三大产业就业占比和教育水平。为了防止出现多重共线问题，模型中只放入第二产业就业占比和第三产业就业占比，分别用 *secondind* 和 *thirdind* 表示。教育水平用每 10 万人中拥有大专及以上学历的人口来表示，模型中用 *proeduc* 来代表省份层面的教育水平。

三、数据来源与描述性统计

本章的数据来源主要包括世界银行 WITS 数据库、世界贸易组织关税数据库、中国工业企业数据库、中国家庭追踪调查数据和国家统计局。其中，关税数据来自世界银行和 WTO，行业就业数据来自中国工业企业数据库，省份层面的数据来自国家统计局，个体数据来自 CFPS。CFPS 是一项全国性、综合性的社会追踪调查项目，旨在通过追踪收集个体、家庭和社区三个层次的数据，反映中国社会、经济、人口、教育和健康的变迁，为学术和政策研究提供数据基础。CFPS 由北京大学中国社会科学调查中心（ISSS）实施，每两年调查一次，目前共有 5 年的调查数据（2010 年、2012 年、

2014 年、2016 年和 2018 年）。本章主要用到的是 famecon 和 adult 两个版块的数据。在 CFPS 2010 年的问卷中，询问了调查对象的职业信息以及其父母的职业信息，包括职业代码、所属行业、职业 ISEI 得分和声望得分等。此外，CFPS 还提供了人口基本特征（性别、年龄、婚姻、受教育水平和城乡类别等）、家庭经济状况（家庭收入、住房等）、社会关系（父母、配偶的基本情况等）。

　　本章使用的是 CFPS 2010 年的数据，主要基于以下考虑。首先，2010 年是 CFPS 的基线调查，与其他年份的调查问卷相比，2010 年的问卷信息最为丰富。在 2010 年的问卷中，明确询问了受访者父母的职业。从问卷汇总结果来看，受访者父母职业信息的回答比较积极，数据量很大。2012 年，同样询问了受访者父母的职业信息，但这次，出现了大量缺失值，关于父母职业信息的数据量相比 2010 年要小得多。2012 年以后，CFPS 不再询问受访者父母的职业。但是，CFPS 会询问受访者，他（她）的父母是否也填写了调查问卷，如果回答是，则会让受访者提供父母的个人 ID，我们就可以根据子女的个人 ID 和父母的个人 ID 进行匹配，从而获取子女与父母的职业信息。由于有些受访者的父母未参与调查，抑或是受访者没有提供父母的个人 ID，从匹配结果来看，比 2010 年的数据要少很多。其次，从第三章的分析结果来看，中国大幅削减进口关税主要发生在加入世界贸易组织以后的 2001—2005 年，这段时间中国的贸易自由化水平提升最快。此后，除了签署区域贸易协定引致的对特定国家的关税削减外，中国的最惠国关税水平维持在 9% ~10% 。因此，作为离 2005 年最近的一次调查，2010 年人们的职业选择可能会受到贸易自由化的影响（贸易自由化的影响存在时滞）。但随着时间的推移和中国的关税水平趋于稳定，越往后的年份，贸易自由化对职业选择、代际职业流动的影响可能变得不明显。最后，职业具有长期性的特点，大部分人不会选择在短期内频繁跳槽，一些人甚至一生只从事一份工作。因此，通过 2010 年这一年的数据，就可以分析贸易自由化对代际职业流动的影响。

　　表 6-1 是本章的描述性统计。从中可以看出，首先，样本中有 61.9% 的子女选择了与父亲不同的职业，其中，向上流动的占 35.9% ，向下流动的占 20.4% 。其次，最终品贸易自由化水平的变动区间是 4.116% ~

10.948%，而中间品贸易自由化水平的变动区间是 8.262% ~ 9.459%。再次，由于中国的法定用工年龄是 16 周岁，2010 年男性的法定退休年龄是 60 岁，因而剔除了 16 岁以下和 60 岁以上的样本。考虑到本章的研究目的，剔除了还在上学的样本。可以看到，样本的平均年龄是 40.3 岁。婚姻的均值是 0.874，表明样本中已婚人士占大多数。① 此外，在本章的数据样本中，男性占 54%，比女性高出 8 个百分点。最后，独生子女仅占样本总数的 8.1%，而长子（女）在样本中的比例则高达 30.4%②。在样本的民族构成中，少数民族样本占 9.2%，与中国总人口的民族构成基本一致。③

父亲的平均年龄是 69 岁④，而父亲的平均受教育程度只有小学，结合父辈的出生年份，这样的结果符合当时中国的教育水平。2010 年，有超过一半的就业人口从事第一产业。其次是第三产业，第二产业占比最少。从省份层面的教育水平来看，2010 年每 10 万人中具有大专以上学历的有 3960 人，他们也就是通常所说的大学生，仅占样本的 3.96%。

表 6-1　　　　　　　　　　　　描述性统计

变量	观测值	均值	标准差	最小值	最大值
diff	10290	0.619	0.486	0	1
up	10290	0.359	0.48	0	1
down	10290	0.204	0.403	0	1
change	10290	-7.063	1.757	4.116	10.948
mchange	10290	-8.761	0.308	8.262	9.459
age	10290	40.3	10.804	16	60
educ	10286	2.706	1.335	1	8
marriage	10290	0.874	0.332	0	1
gender	10290	0.54	0.498	0	1

---

① 婚姻状态为再婚、离婚和丧偶都视作已婚。
② 长子（女）是指在非独生子女家庭中排行老大，不包括独生子女。
③ 根据第六次全国人口普查主要数据公报，汉族人口占全国总人口的 91.51%，少数民族人口占 8.49%。
④ 为了避免极端值对回归结果的影响，剔除了父亲年龄超过 105 岁的样本。

续表

变量	观测值	均值	标准差	最小值	最大值
dusheng	10290	0.081	0.273	0	1
laoda	10290	0.304	0.46	0	1
ssmz	10290	0.092	0.289	0	1
age_f	8420	68.624	13.354	36	105
feduc	9946	1.948	1.082	1	7
firstind	10290	50.102	14.832	11.68	73.88
secondind	10290	21.4	8.742	9.166	42.836
thirdind	10290	28.498	7.058	16.954	55.914
proeduc	10290	3959.992	2492.928	1902	16843

第二节 贸易自由化对劳动力代际职业流动影响的回归结果分析

一、基准回归结果

根据公式（6-1）~公式（6-3），使用 Probit 模型，结合 2010 年的数据，便得到了本章的基准回归结果，如表 6-2 所示。在第（1）列，解释变量只有省份层面的最终品贸易自由化水平和中间品贸易自由化水平，同时也控制了省份固定效应。回归结果显示，最终品贸易自由化对代际职业流动有显著的抑制作用而中间品贸易自由化对代际职业流动具有显著的促进作用，且二者的系数都通过了 1% 水平的显著性检验。在第（2）列，加入了与子女相关的控制变量，如年龄、性别等，两个贸易自由化指标的回归系数与第（1）列保持一致，但系数的绝对值有所减小。在第（3）列，将与父亲相关的变量纳入回归模型。以控制父亲的个体特征对代际职业流动的影响。回归结果显示，最终品贸易自由化的系数不再显著，而中间品贸易自由化的系数仍然显著为正，但系数相比第（1）列和第（2）列要小得多，表明父亲的个体特征对代际职业流动具有比较大的影响。在第（4）列，在模型中加入了省份层面的控制变量，包括第二产业就业占比、第三产业就业占比和教育发展水平①。结果表明，一方面，最终品贸易自由化对代际职业流动没有显著影响；另一方面，中间品贸易自由化能够显著促进代际职业流动，但系数要小于第（3）列。通过计算边际效应可知，中间品贸易自由化水平每上升1%②，那么子女与父亲从事不同职业的概率就提高21.98个百分点。

表6-2 基准回归

变量	（1） diff	（2） diff	（3） diff	（4） diff	（5） up	（6） down
change	-20.379 *** (4.199)	-19.283 *** (4.178)	0.033 (0.042)	0.121 (0.088)	-0.440 (0.414)	-0.267 (0.479)
mchange	43.394 *** (8.759)	41.146 *** (8.716)	0.801 *** (0.223)	0.717 *** (0.189)	1.404 *** (0.387)	0.308 (0.444)
age		0.001 (0.010)	0.009 (0.016)	0.009 (0.016)	0.010 (0.015)	0.009 (0.017)
age^2		-0.000 ** (0.000)	-0.000 * (0.000)	-0.000 * (0.000)	-0.000 *** (0.000)	0.000 (0.000)
marriage		-0.170 *** (0.051)	-0.187 *** (0.057)	-0.187 *** (0.057)	-0.011 (0.051)	-0.181 *** (0.057)
gender		0.270 *** (0.027)	0.278 *** (0.031)	0.278 *** (0.031)	0.315 *** (0.030)	-0.036 (0.033)
dusheng		0.166 *** (0.060)	0.157 ** (0.071)	0.157 ** (0.071)	0.024 (0.059)	-0.017 (0.065)
laoda		0.077 ** (0.031)	0.083 ** (0.038)	0.083 ** (0.038)	0.128 *** (0.037)	-0.023 (0.041)

① 为了避免出现多重共线，没有把第一产业就业比重放进回归模型。
② 这里指的是绝对增长，贸易自由化水平从3%提升至4%，下同。

变量	（1） *diff*	（2） *diff*	（3） *diff*	（4） *diff*	（5） *up*	（6） *down*
ssmz		-0.229 *** （0.054）	-0.132 ** （0.060）	-0.132 ** （0.060）	-0.380 *** （0.065）	0.063 （0.070）
age_f			-0.004 （0.015）	-0.004 （0.015）	-0.028 * （0.014）	0.031 * （0.016）
age_f²			0.000 （0.000）	0.000 （0.000）	0.000 ** （0.000）	-0.000 * （0.000）
feduc			0.302 *** （0.017）	0.302 *** （0.017）	-0.041 *** （0.015）	0.345 *** （0.016）
secondind				0.124 *** （0.033）	-0.038 （0.038）	0.005 （0.043）
thirdind				-0.009 （0.040）	-0.097 （0.178）	-0.120 （0.206）
proeduc				-0.000 * （0.000）	0.000 （0.000）	0.000 （0.000）
常数项	-246.862 *** （49.286）	-233.859 *** （49.037）	-7.557 *** （1.693）	-8.105 *** （1.688）	-6.698 * （3.677）	-1.869 （4.236）
省份固定效应	是	是	是	是	是	是
观测值	10290	10290	8208	8208	8243	8243
R^2	0.115	0.152	0.181	0.181	0.106	0.083

注：*** 代表 1% 显著性水平，** 代表 5% 显著性水平，* 代表 10% 显著性水平；括号里是标准误；*diff* 表示子女的职业与父亲不同；*up* 表示子女的职业好于父亲的职业，*down* 表示子女的职业比父亲的差。

为了分析贸易自由化对不同代际职业流动方向的影响，在第（5）列将被解释变量替换为向上流动，即子女的职业好于父亲的职业，控制变量与第（4）列相同。结果显示，最终品贸易自由化对代际职业向上流动没有明显的效果，与之相近，中间品贸易自由化能够显著促进代际职业向上流动。中间品贸易自由化水平越高，子女从事的职业好于父亲职业的概率越大。

通过计算 *mchange* 的边际效应，发现中间品贸易自由化水平每提升 1%，子女职业好于父亲职业的概率就增加 47.3%。在第（6）列，此时的被解释变量是代际职业向下流动，即子女的职业比父亲的差。从 *change* 和 *mchange* 的系数来看，无论是最终品贸易自由化还是中间品贸易自由化，对代际职业向下流动都没有显著的影响。综合第（4）列到第（6）列的回归结果，初步认定，中间品贸易自由化对代际职业流动有显著的促进作用，尤其是对代际职业向上流动的作用更加明显，而中间品贸易自由化不会导致职业的向下流动。

我们也分析了控制变量对代际职业流动的影响。从第（4）列来看，第一，子女年龄平方的系数显著为负，表明代际职业流动与子女年龄之间呈一种倒 U 型关系。换言之，子女在中年时期从事与父亲不同职业的概率最大，而在青年时期或是年纪较大时，从事与父亲相同职业的意愿更加强烈。第二，婚姻的系数显著为负，意味着与已婚人士相比，未婚人士选择与父亲从事不同职业的可能性更大。第三，性别的系数显著为正，表明与父女之间相比，父子之间的职业流动性更高，"子承父业"的传统似乎有所减弱。第四，独生子女和长子（女）的回归系数都显著为正，表明现在的父亲并不太指望他们继承父业。第五，与前文的预期一致。与汉族相比，少数民族子女对父亲职业的继承性更高。第六，父亲的受教育水平越高，代际职业流动的概率也越大。第七，从省份层面来看，第二产业就业占比越高，代际职业流动的现象也就越普遍。第（5）列和第（4）列控制变量的回归结果相似，但婚姻对代际职业向上流动的影响不显著，但对职业向下流动却有明显的促进作用。

二、稳健性检验

为了验证基准回归结果的稳健性，做了一系列检验，主要包括更换实证方法、增加控制变量、更换数据样本等。

表 6-3 的第（1）列到第（3）列，用 Logit 模型取代 Probit 模型，重新对基准回归结果中的第（4）列到第（6）列进行回归。通过与基准回归结果作对比，可以发现，*mchange* 的系数变大，但符号和显著性都没有发生变

化；*change* 对 *up* 的回归系数由基准回归中的不显著变为显著，表明最终品贸易自由化对代际职业向上流动的影响并不稳健。

表 6 - 3   稳健性检验（Ⅰ）

变量	(1) *diff*	(2) *up*	(3) *down*	(4) *difff*	(5) *upf*	(6) *downf*
change	0.194 (0.144)	0.817 (0.692)	-0.494 (0.872)	0.105 (0.093)	-0.651 (0.424)	-0.273 (0.479)
mchange	1.178*** (0.311)	2.454*** (0.659)	0.522 (0.813)	0.755*** (0.196)	1.637*** (0.399)	0.311 (0.444)
educ				0.357*** (0.016)	0.316*** (0.014)	0.013 (0.014)
常数项	-13.171*** (2.784)	-10.932* (6.093)	-2.696 (7.665)	-8.365*** (1.759)	-5.566 (3.755)	-1.789 (4.237)
省份固定效应	是	是	是	是	是	是
观测值	8208	8243	8243	8205	8240	8240
R^2	0.182	0.106	0.083	0.235	0.157	0.083

注：*** 代表1%显著性水平，* 代表10%显著性水平；括号里是标准误；*educ* 表示子女的受教育水平。

在表 6 - 3 的第（4）列到第（6）列，在基准回归的基础上，把子女的受教育水平作为控制变量纳入实证模型。从回归结果来看，中间品贸易自由化对代际职业流动和向上流动都具有显著的促进作用，对代际职业向下流动则没有显著的影响。这与基准回归结果是一致的。

除了更换实证方法，还通过增加控制变量等方法，进一步对基准回归的稳健性进行检验。第一，考虑到中国对退伍军人有政策上的照顾，通常会给安排工作，而被安排的职业可能与其父亲的职业不同。所以在表 6 - 4 的第（1）列，把子女是否参军（*canjun*）作为控制变量加入到实证模型中。结果表明，在控制了参军对代际职业流动的影响之后，中间品贸易自由化的系数仍然是显著为正。第二，在表 6 - 4 第（2）列，把子女是否是党员

（*dangyuan*）这一虚拟变量加入到控制变量中，结果显示，中间品贸易自由化对代际职业流动仍然具有显著的正向影响。第三，考虑到父亲与子女如果所处的省份不同，那么他们面临的贸易自由化水平也存在差异，这可能会造成基准回归结果的不准确。为了解决这一问题，在第（3）列，选择子女与父亲同住的样本重新进行回归①。第（3）列的回归结果表明，基准回归结果是稳健的。第四，尽管社会公平的观念已经深入人心，但是在某些情况下，如果父亲是政府官员，那么子女在择业时，或多或少受到父亲的影响。鉴于这一点，在第（4）列加入了父亲有/无行政管理职务（*guanyuan_f*）这一虚拟变量，*mchange* 的系数依然显著为正。第五，我们也考虑了父亲是否是党员（*dangyuan_f*）对代际职业流动的影响。第（5）列的回归结果显示，*mchange* 的系数与基准回归相比，没有发生明显的变化。第六，在第（6）列剔除了受访者父亲已经去世的样本，得到的结果与基准回归一致。

表6-4　　　　　　　　　　　稳健性检验（Ⅱ）

变量	(1) *diff*	(2) *diff*	(3) *diff*	(4) *diff*	(5) *diff*	(6) *diff*
change	0.122 (0.088)	0.124 (0.089)	0.092 (0.111)	−0.049 (0.144)	0.119 (0.088)	0.083 (0.111)
mchange	0.720*** (0.189)	0.776*** (0.190)	0.704*** (0.232)	0.660** (0.267)	0.769*** (0.190)	0.736*** (0.229)
canjun	0.266** (0.108)					
dangyuan		0.673*** (0.066)				
guanyuan_f				0.512*** (0.146)		

① CFPS 问卷中有询问受访者与其父亲、母亲、配偶、兄弟姐妹和子女是否同住。

变量	(1) *diff*	(2) *diff*	(3) *diff*	(4) *diff*	(5) *diff*	(6) *diff*
dangyuan_f					0.400 *** (0.047)	
常数项	− 8.169 *** (1.689)	− 8.549 *** (1.700)	− 8.058 *** (2.127)	− 5.026 ** (2.510)	− 8.295 *** (1.694)	− 8.301 *** (2.103)
控制变量	是	是	是	是	是	是
省份固定效应	是	是	是	是	是	是
观测值	8208	8208	5243	4030	8208	5526
R^2	0.181	0.191	0.163	0.190	0.188	0.172

注：*** 代表 1% 显著性水平，** 代表 5% 显著性水平；括号里是标准误。

表 6 – 4 主要检验的是多种情况下中间品贸易自由化对代际职业流动的影响，而表 6 – 5 则重点关注在多种情形下中间品贸易自由化对代际职业向上流动和向下流动的影响，从而更加全面地对基准回归结果进行稳健性检验。第（1）列在基准回归的基础上加入了子女是否参军这一变量，结果显示中间品贸易自由化水平的系数与基准回归一致。从 *canjun* 的系数来看，参军确实有助于子女从事比父亲更好的职业。第（2）列加入了子女是否是党员，结果表明，基准回归是稳健的，而且如果子女是党员，那么他/她有更多的机会去从事更好的职业（与父亲的职业相比）。在第（3）列，更换了比较职业好坏的方法。在基准回归中，根据职业的 ISEI 得分来判定父亲和子女谁的职业好。而在第（3）列，根据职业的声望得分来对两代人之间的职业进行比较①。通过观察 *mchange* 的系数，可以发现，中间品贸易自由化依然对代际职业向上流动有促进作用，但显著性没有基准回归高。第（4）列 ~ 第（6）列是把第（1）列 ~ 第（3）列的被解释变量换成向下流动。从第（6）列来看，当以职业声望作为职业好坏的判定标准时，中间品

① SIOPS 是国际职业声望指标（Standard International Occupational Prestige Scale）的简称。职业声望是指人们对各职业总体上的赞许和认可程度的主观评价，衡量每份职业在人们心目中的社会重要性、价值或贡献，以及人们对相应从业者给予的尊重和赞许。声望得分越高，表示职业越好。

贸易自由化对职业向下流动有促进作用，而在基准回归中，这一影响是不显著的。

表 6 – 5　　　　　　　　　　　稳健性检验（Ⅲ）

变量	(1) up	(2) up	(3) up1	(4) down	(5) down	(6) down1
change	0.437 (0.414)	-0.493 (0.415)	-0.103 (0.465)	-0.267 (0.479)	-0.269 (0.479)	-0.333 (0.412)
mchange	1.406*** (0.387)	1.493*** (0.388)	0.848* (0.438)	0.309 (0.444)	0.312 (0.444)	0.780** (0.382)
canjun	0.238** (0.098)			0.111 (0.107)		
dangyuan		0.518*** (0.054)			0.033 (0.059)	
常数项	-6.766* (3.678)	-6.573* (3.696)	-7.781* (4.077)	-1.875 (4.237)	-1.864 (4.236)	-3.887 (3.668)
控制变量	是	是	是	是	是	是
省份固定效应	是	是	是	是	是	是
观测值	8243	8243	8243	8243	8243	8243
R^2	0.107	0.115	0.055	0.083	0.083	0.064

注：***代表1%显著性水平，**代表5%显著性水平，*代表10%显著性水平；括号里是标准误；up1 和 down1 分别表示子女的职业声望得分高于、低于父亲。

通过以上分析，发现在基准回归中，中间品贸易自由化对代际职业流动，尤其是对代际职业向上流动的正向影响是稳健的，但对职业向下流动的影响并不稳健。大部分情形下是不显著的。

三、内生性检验

为了解决潜在的内生性问题，与第五章相似，通过两种方法来尽量避免由内生性引起的估计偏误。

首先，在计算省份层面的贸易自由化水平时，就对反向因果问题有所考虑。参考巴蒂克（Bartik，1991；2006）、卡尼罗等（Carneiro et al.，2017；2018），构建了类似于"Bartik Instrument"的变量，即以政策实施之前的三年（1998—2000 年）每个省份的平均就业结构作为计算省份层面贸易自由化水平的权重。由于在这三年中国尚未加入世界贸易组织，所以就业结构并不会受到贸易自由化的影响。因此，这种构建方法一定程度上保证了贸易自由化水平具有相对外生性。此外，使用三年的平均值可以在保证计算结果相对外生的同时，减轻时间趋势对就业结构的影响。

其次，为了进一步解决内生性问题，参考布兰特等（Brandt et al.，2017），用中国加入 WTO 时所承诺的约束关税来重新计算省份层面的最终品贸易自由化水平和中间品贸易自由化水平，分别作为基准回归中最终品贸易自由化和中间品贸易自由化的工具变量。承诺关税及其最终实施时间却是以法律文件的形式明确规定的，不会受到其他因素的干扰。如果中国未落实约束关税，其他世贸组织成员有权起诉中国。因此，与实际关税水平相比，约束关税具有更强的外生性。工具变量的回归结果见表 6 - 6。

表 6 - 6　内生性检验

变量	(1)\ndiff	(2)\nup	(3)\ndown	(4)\ndiff	(5)\nup	(6)\ndown
change	0.049 ***\n(0.016)	− 0.040 **\n(0.016)	0.008\n(0.018)	0.050 ***\n(0.016)	− 0.040 **\n(0.016)	0.008\n(0.018)
mchange	0.469 ***\n(0.123)	0.941 ***\n(0.123)	0.105\n(0.139)	0.473 ***\n(0.123)	0.944 ***\n(0.124)	0.105\n(0.139)
常数项	− 5.342 ***\n(1.099)	− 8.168 ***\n(1.086)	− 4.327 ***\n(1.232)	− 5.391 ***\n(1.097)	− 8.192 ***\n(1.093)	− 4.327 ***\n(1.232)
第一阶段 F 值				2211.01	2211.01	2211.01
控制变量	是	是	是	是	是	是
省份固定效应	是	是	是	是	是	是

续表

变量	(1) *diff*	(2) *up*	(3) *down*	(4) *diff*	(5) *up*	(6) *down*
观测值	8243	8243	8243	8243	8243	8243
R^2				0.8012	0.8012	0.8012

注： *** 代表 1% 显著性水平， ** 代表 5% 显著性水平；括号里是标准误。

第（1）列到第（3）列使用的是极大似然估计（ML）[①]。从第（1）列来看，中间品贸易自由化水平的系数与基准回归一致，但最终品贸易自由化水平的系数从不显著变为显著。第（2）列的结果亦是如此。在第（3）列，最终品贸易自由化和中间品贸易自由化水平对代际职业向下流动都没有影响。第（4）列到第（6）列使用的是两阶段回归并报告了第一阶段 F 值。两阶段回归的结果与 ML 相似，即中间品贸易自由化对代际职业流动、向上流动和向下流动的影响与基准回归一致，而最终品贸易自由化对代际职业流动和向上流动的影响与基准回归不同。

结合基准回归、稳健性检验和内生性检验的结果，可以看出，中间品贸易自由化对代际职业流动和向上流动具有显著的促进作用，而对向下流动的影响不稳健；又因为代际职业流动是就业公平和社会公平的重要衡量指标，所以推进贸易自由化尤其是中间品贸易自由化有利于促进中国的就业公平和社会公平。

四、异质性分析

由于样本中的子女在性别、年龄、地域等方面存在差异，这些差异可能会影响到中间品贸易自由化与代际职业流动和向上流动之间的关系，所以根据子女的个体特征进行一些异质性分析。

首先，考虑到男女之间的性别差异，在表 6 - 7 的第（1）列和第（2）列分别用男性样本和女性样本进行分组回归，结果表明，中间品贸易自由

---

① 此处使用 Stata 中的 ivprobit 命令进行回归，回归结果没有提供 R^2 值。

化对代际职业流动的影响在性别上没有明显的区别。在第（3）列和第（4）列，被解释变量换成向上流动。通过比较两列中中间品贸易自由化水平的回归系数，发现中间品贸易自由化对向上流动的影响在男女之间同样没有明显的区别。

表6-7　　　　　　　　　　　　异质性分析（Ⅰ）

变量	(1) diff 男性	(2) diff 女性	(3) up 男性	(4) up 女性	(5) diff 农业	(6) diff 非农业
change	0.176 (0.116)	0.019 (0.143)	-0.300 (0.536)	-0.643 (0.676)	0.096 (0.098)	-0.082 (0.300)
mchange	0.808*** (0.252)	0.648** (0.290)	1.484*** (0.498)	1.310** (0.632)	0.783*** (0.203)	0.011 (0.882)
常数项	-9.480*** (2.253)	-5.941** (2.613)	-9.247* (4.805)	-2.782 (5.989)	-7.296*** (1.835)	1.760 (7.320)
控制变量	是	是	是	是	是	是
省份固定效应	是	是	是	是	是	是
观测值	4684	3524	4705	3538	6400	1659
R^2	0.168	0.202	0.086	0.147	0.160	0.050

注：***代表1%显著性水平，**代表5%显著性水平，*代表10%显著性水平；括号里是标准误；农业表示农业户口，非农业表示非农业户口。

其次，考虑到中国的城乡二元结构，本书在表6-7的第（5）列和第（6）列分别对农业户口样本和非农业户口样本进行回归，结果显示，中间品贸易自由化对农业户口的代际职业流动具有显著的促进作用，而对非农业户口则没有影响。同样地，在表6-8的前两列，本书把被解释变量替换为代际职业向上流动。回归结果表明，中间品贸易自由化对代际职业向上流动的影响在不同户口类型上存在差异，对农业户口影响显著而对非农业户口不显著。

再次，鉴于中国各地区在自然条件、经济发展水平等方面的差异，在表6-8的第（3）列~第（5）列通过加入中间品贸易自由化水平与地区虚

拟变量交乘项的方式进行地区层面的异质性分析。根据交乘项的系数可以
发现，中间品贸易自由化对东部地区的代际职业流动具有抑制作用，对中
部地区的代际职业流动有显著的促进作用，对西部地区的影响则不显著。
表 6 - 9 的前三列是中间品贸易自由化对代际职业向上流动的地区异质性分
析。从回归结果来看，中间品贸易自由化有利于中部地区的代际职业向上
流动，对东部地区和西部地区的影响不显著。因此，无论是从代际职业流
动角度还是从代际职业向上流动的角度，中部地区都是在中间品贸易自由
化进程中受益最大的。

表 6 - 8　　　　　　　　　　　　异质性分析（Ⅱ）

变量	（1） up 农业	（2） up 非农业	（3） diff 东部	（4） diff 中部	（5） diff 西部
change	- 1. 071 ** (0. 517)	- 0. 223 (1. 173)	0. 121 (0. 088)	0. 121 (0. 088)	0. 088 * (0. 052)
mchange	2. 025 *** (0. 457)	0. 149 (1. 146)	0. 717 *** (0. 189)	0. 717 *** (0. 189)	- 2. 866 (4. 343)
mchange × east			- 0. 148 * (0. 079)		
mchange × middle				0. 060 *** (0. 015)	
mchange × west					- 0. 876 (1. 041)
常数项	- 2. 515 (4. 708)	4. 264 (9. 602)	- 8. 105 *** (1. 688)	- 8. 105 *** (1. 688)	19. 156 (31. 891)
控制变量	是	是	是	是	是
省份固定效应	是	是	是	是	是
观测值	6405	1830	8208	8208	8208
R^2	0. 142	0. 063	0. 181	0. 181	0. 181

　　注：*** 代表1% 显著性水平，** 代表5% 显著性水平，* 代表10% 显著性水平；括号里是标准误；农业表示农业户口，非农业表示非农业户口。

最后，本章也分析了中间品贸易自由化在不同年龄上的异质性表现。在表 6 – 9 的第（4）列和第（5）列，加入了 *age* 和 *mchange* 的交乘项。因为二者都是连续型变量，所以都作了中心化处理。从交乘项的回归系数来看，中间品贸易自由化对代际职业流动的影响并不随子女年龄的变化而变化，但是，中间品贸易自由化对代际职业向上流动的影响却是随着子女年龄的增加而逐渐增强。

表 6 – 9   异质性检验（Ⅲ）

变量	（1） *up* 东部	（2） *up* 中部	（3） *up* 西部	（4） *diff*	（5） *up*
change	0.060 (0.089)	− 0.440 (0.414)	0.109 (0.101)	0.119 (0.088)	− 0.431 (0.414)
mchange	1.078 *** (0.202)	1.404 *** (0.387)	6.458 (4.498)	0.713 *** (0.189)	1.418 *** (0.387)
age	0.010 (0.015)	0.010 (0.015)	0.010 (0.015)	0.008 (0.016)	0.012 (0.015)
mchange × east	0.184 (0.151)				
mchange × middle		0.059 *** (0.017)			
mchange × west			− 1.315 (1.082)		
mchange × age				− 0.005 (0.005)	0.009 * (0.005)
常数项	− 11.503 *** (1.796)	− 6.698 * (3.677)	− 52.430 (34.372)	− 1.445 (1.555)	5.896 (6.443)
控制变量	是	是	是	是	是
省份固定效应	是	是	是	是	是
观测值	8243	8243	8243	8208	8243
R^2	0.106	0.106	0.106	0.181	0.106

注：*** 代表 1% 显著性水平，* 代表 10% 显著性水平；括号里是标准误。

第三节　贸易自由化对劳动力代际职业流动影响的机制检验与拓展分析

一、影响机制检验

第二章通过理论分析指出，贸易自由化对代际职业流动的影响机制包括受教育水平提升、人口迁移、市场竞争等。本节利用 CFPS 的样本数据，对这些影响机制进行验证。

首先，通过表 6 – 10 来检验受教育水平是否是中间品贸易自由化影响代际职业流动的影响机制。需要注意的是，这里所说的受教育水平的高低并不是指子女自身学历的高低，而是指与其父亲的学历相比是上升、下降或是相同，分别用 upeduc、downeduc 和 sameeduc 表示。在第（1）列，分析了中间品贸易自由化对父亲与子女同等学力的影响，结果表明 mchange 的系数并不显著。第（2）列把学历提升作为被解释变量，中间品贸易自由化水平的系数仍然不显著。第（3）列是中间品贸易自由化对学历下降的影响。与前两列不同，此时 mchange 的系数显著为负，表明中间品贸易自由化能够有效减少子女学历低于父亲这种现象的发生。因此，受教育水平是中间品贸易自由化影响代际职业流动的传导机制。

表 6 – 10　　　　　　　　　影响机制检验（Ⅰ）

变量	（1） sameeduc	（2） upeduc	（3） downeduc
change	− 0.328 （0.405）	0.139 （0.408）	0.870 （0.645）
mchange	0.239 （0.364）	0.046 （0.369）	− 0.994 * （0.585）

变量	（1） *sameeduc*	（2） *upeduc*	（3） *downeduc*
常数项	4.249 (3.660)	-3.593 (3.676)	-5.632 (5.581)
控制变量	是	是	是
省份固定效应	是	是	是
观测值	8243	8243	8243
R^2	0.039	0.144	0.329

注：* 代表10%显著性水平；括号里是标准误；*sameeduc*、*upeduc* 和 *downeduc* 分别表示子女的学历与父亲的学历相同、高于父亲的学历和低于父亲的学历。

附表3中介效应模型的回归结果表明，*downeduc* 对代际职业流动和向上流动的影响显著为负而对向下流动没有影响。从检验结果可知，中间品贸易自由化能够有效抑制学历下降（子女的学历低于父亲），而学历下降对代际职业流动和向上流动具有阻碍作用。因此，受教育水平确实是中间品贸易自由化影响代际职业流动和向上流动的一个重要渠道。

其次，表6-11分析了劳动力产业转移在中间品贸易自由化影响代际职业流动中所起的作用。从第（1）列到第（3）列的被解释变量分别是第一产业、第二产业和第三产业的就业占比。从结果来看，中间品贸易自由化能够显著增加第二产业的劳动力就业占比，而第一产业和第三产业的就业占比则会因为中间品贸易自由化水平的提升而下降。这表明，劳动力产业转移是中间品贸易自由化影响代际职业流动的路径。

表6-11 影响机制检验（Ⅱ）

变量	（1） *firstind*	（2） *secondind*	（3） *thirdind*
change	-0.418*** (0.047)	-0.330*** (0.031)	0.748*** (0.024)

续表

变量	（1） *firstind*	（2） *secondind*	（3） *thirdind*
mchange	-2.361 *** （0.267）	8.012 *** （0.177）	-5.651 *** （0.139）
常数项	92.945 *** （2.783）	-54.550 *** （1.846）	61.606 *** （1.447）
控制变量	是	是	是
省份固定效应	是	是	是
观测值	8243	8243	8243
R^2	0.821	0.773	0.786

注：*** 代表 1% 显著性水平；括号里是标准误。

　　附表 4 是中介效应模型的回归结果。在第（4）列到第（6）列，去掉了基准回归中的第二产业和第三产业就业占比这两个变量，此时，中间品贸易自由化对代际职业流动和向下流动的影响都不显著，对代际职业向上流动具有显著的促进作用。再结合基准回归结果，发现中间品贸易自由化能够促进第二产业就业占比的提高，而第二产业就业占比的提高能够显著增加代际职业向上流动的概率。因此，劳动力产业转移尤其是第二产业就业占比是中间品贸易自由化影响代际职业向上流动的重要路径。

　　再次，随着贸易自由化水平的提升，大量外国企业和商品进入本国市场并导致那些更接近技术前沿的在位企业增加研发投入，而那些远离技术前沿的在位企业则减少其研发投入（Aghion et al.，2009）。一方面，按照我国对外开放的基本事实，贸易自由化程度越高的地区，企业往往越接近技术前沿。为了应对不断加剧的市场竞争，他们不得不进行更多的研发活动，进而增加企业对高技能工人的需求，这使得在贸易更开放地区的子女有更多的机会到这些社会地位高的行业进行工作。另一方面，对于那些位于低贸易自由化水平地区的企业，它们往往远离技术前沿，外国企业和商品的进入使得他们得以用更低的成本获得国外的先进技术，因而他们会降低研发投入和对高技能劳动力的需求，因此，对高技能工人的需求可能是中间品贸易自由化影响代际职业流动的一条路径。

参考纪玞等（2020）研究，用每种职业中大专以上学历所占比重作为该职业技能密度的度量指标，检验结果见表 6 – 12。第（1）列的结果表明，中间品贸易自由化能够显著提高子女职业的技能密度（*jineng*），即中间品贸易自由化水平的提升会增加企业对高技能劳动力的需求，因而对高技能劳动力的需求是中间品贸易自由化影响代际职业流动的机制。

表 6 – 12 影响机制检验 （Ⅲ）

变量	（1） *jineng*	（1） *qianyi*
change	– 0. 005 *** （0. 002）	– 3. 658 *** （0. 493）
mchange	0. 074 *** （0. 011）	3. 787 *** （0. 421）
常数项	– 0. 883 *** （0. 106）	19. 034 *** （4. 729）
控制变量	是	是
省份固定效应	是	是
观测值	8243	8243
R^2	0. 129	0. 097

注：*** 代表 1% 显著性水平；括号里是标准误。

为了进一步验证这一影响机制，在附表 5 展示了中介效应模型的回归结果。结果表明，中间品贸易自由化能够增加企业对高技能劳动力的需求，而企业对高技能劳动力需求的增加能够增加代际职业流动和向上流动的概率并减少向下流动的概率。因此，对高技能劳动力的需求也是中间品贸易自由化影响代际职业流动的传导机制。

最后，检验人口迁移在中间品贸易自由化影响代际职业流动进程中所起的作用，结果如表 6 – 12 第（2）列所示。将人口迁移这一虚拟变量作为被解释变量。在 CFPS 问卷中，询问了受访者的成人户口所在地和出生地是否相同，选项包括不同省、同省不同市、同市不同县、与出生地同一区县。把前三种视为人口迁移，即 *qianyi* 取值为 1。从第（2）列 *mchange* 的系数可知，中间品贸易自由化能够显著提高人口迁移的概率，因而人口迁移也是中间品贸易自由化影响代际职业流动的机制。

附表 6 的中介效应模型的结果表明，人口迁移对代际职业流动和代际职业向上流动具有显著的促进作用。结合基准回归结果可知，人口迁移也是中间品贸易自由化影响代际职业流动和代际职业向上流动的重要渠道。

二、拓展分析

在以上分析中，都是用子女的职业与父亲的职业作比较。然而，随着中国经济社会的发展，越来越多的女性走进职场，所以将代际职业流动从父子（女）层面拓展到母子（女）层面，并以此作为判断代际职业流动的依据。表 6-13 第（1）列的结果表明，中间品贸易自由化能够显著提升子女与母亲从事不同职业的概率。第（2）列的结果显示，中间品贸易自由化同样也会提高子女职业好于母亲职业的概率。在第（3）列，中间品贸易自由化水平的回归系数并不显著。在第（4）列和第（5）列，用职业声望得分取代前三列的 ISEI 得分作为判定职业好坏的依据。第（4）列与第（2）列相比，*mchange* 的系数变得不再显著；第（5）列与第（3）列相比，*mchange* 的系数从不显著变为显著。综合这五列的回归结果，发现中间品贸易自由化能够显著促进代际职业流动（与母亲的职业作比较），但对于代际职业向上流动和向下流动的影响不稳健。

表 6-13　　　　　　　　　　　　　拓展分析

变量	（1） *diffm*	（2） *upm*	（3） *downm*	（4） *upm*1	（5） *downm*1
change	-0.481 (0.408)	-0.360 (0.405)	-0.005 (0.588)	0.118 (0.484)	-0.506 (0.415)

续表

变量	（1） *diffm*	（2） *upm*	（3） *downm*	（4） *upm*1	（5） *downm*1
mchange	1.049 *** （0.373）	1.373 *** （0.379）	0.044 （0.560）	0.443 （0.456）	1.112 *** （0.391）
age	0.019 （0.017）	0.018 （0.016）	0.018 （0.021）	0.023 （0.018）	0.011 （0.016）
age^2	−0.001 *** （0.000）	−0.001 *** （0.000）	−0.000 （0.000）	−0.000 * （0.000）	−0.000 ** （0.000）
marriage	−0.254 *** （0.057）	0.010 （0.051）	−0.286 *** （0.062）	−0.110 * （0.057）	−0.089 * （0.051）
gender	0.411 *** （0.031）	0.410 *** （0.030）	0.056 （0.038）	0.159 *** （0.034）	0.319 *** （0.030）
dusheng	0.093 （0.073）	−0.150 ** （0.060）	0.175 ** （0.070）	0.143 ** （0.064）	−0.173 *** （0.060）
laoda	0.092 ** （0.039）	0.110 *** （0.037）	0.002 （0.048）	0.081 * （0.042）	0.047 （0.037）
ssmz	−0.105 * （0.061）	−0.394 *** （0.064）	0.157 ** （0.080）	−0.156 ** （0.075）	−0.198 *** （0.064）
age_m	−0.005 （0.017）	−0.022 （0.016）	0.011 （0.021）	0.002 （0.019）	−0.021 （0.016）
age_m^2	0.000 （0.000）	0.000 （0.000）	−0.000 （0.000）	−0.000 （0.000）	0.000 * （0.000）
meduc	0.320 *** （0.023）	0.018 （0.019）	0.317 *** （0.021）	0.148 *** （0.020）	0.112 *** （0.018）
secondind	0.058 （0.038）	0.000 （0.038）	0.048 （0.055）	−0.038 （0.043）	0.044 （0.039）
thirdind	−0.292 * （0.175）	−0.081 （0.175）	−0.025 （0.254）	0.107 （0.209）	−0.196 （0.179）

续表

变量	(1) *diffm*	(2) *upm*	(3) *downm*	(4) *upm*1	(5) *downm*1
proeduc	0.001 (0.000)	0.000 (0.000)	0.000 (0.001)	−0.000 (0.000)	0.000 (0.000)
常数项	−1.650 (3.662)	−7.894** (3.613)	−3.374 (5.172)	−8.038* (4.242)	−3.458 (3.703)
省份固定效应	是	是	是	是	是
观测值	8366	8366	8366	8366	8366
R^2	0.209	0.120	0.118	0.066	0.092

注: ***代表1%显著性水平,**代表5%显著性水平,*代表10%显著性水平;括号里是标准误;*diffm*表示子女的职业与母亲不同,*upm*表示子女的职业比母亲的好,*downm*表示子女的职业比母亲的差。

第四节 本 章 小 结

本章从代际的视角出发,分析了贸易自由化对就业的动态影响。通过比较子女与父亲的职业得分,将代际职业之间的关系分为代际职业传承和代际职业流动,其中代际职业流动又分为代际职业向上流动和代际职业向下流动。基准回归的结果表明,中间品贸易自由化能够显著促进代际职业流动,具体而言,中间品贸易自由化对代际职业向上流动具有显著的积极影响而对向下流动的影响不显著。接着,通过更换实证模型、增加控制变量、更换数据样本、更换被解释变量测算方法等方式,对基准回归做了一系列稳健性检验。检验结果表明,除了对代际职业向下流动的影响不稳健外,中间品贸易自由化对代际职业流动和向上流动的影响都是稳健的。为了解决潜在的内生性问题,一方面,借鉴Bartik工具变量的方法构建贸易自由化指标;另一方面,用中国加入WTO承诺关税重新计算两个贸易自由化指标,并将其作为由实际关税计算的贸易自由化水平的工具变量。内生性的检验结果与基准回归是一致的。基于此,得出了中间品贸易自由化能够显著促进代际职业流动尤其是代际职业向上流动的结论。依据子女个体特征对研究结论的影响，从性别、户口类型、地区和年龄 4 个维度进行了异质性分析。

机制检验的结果表明，中间品贸易自由化主要通过受教育水平、劳动力产业转移、对高技能劳动力的需求和人口迁移对代际职业流动产生影响。最后，将代际职业流动从父子（女）层面拓展到母子（女）层面，从子女和母亲的职业对比入手，作了拓展分析。结果表明，中间品贸易自由化有利于子女和母亲之间的代际职业流动，但是对代际职业向上流动和向下流动的影响并不明确。

第七章　研究结论与政策建议

第一节　研 究 结 论

本书首先分析了贸易自由化对企业劳动力需求、劳动力个体就业和劳动力代际职业流动的理论影响机制；随后，通过一系列现实数据，分析了中国的贸易自由化、就业和代际职业流动的现状及特征。结合实证分析的结果，得出以下研究结论。

第一，聚焦劳动力市场的需求侧，使用企业层面的微观数据，实证分析了贸易自由化对企业劳动力需求的影响。实证结果表明，无论是最终品贸易自由化还是中间品贸易自由化，均能显著增加企业对劳动力的需求。贸易自由化对企业劳动力需求的影响在生产率水平、企业类型、企业性质和企业是否出口等方面存在异质性，机制检验的结果显示，生产率是贸易自由化影响企业劳动力需求的传导机制。即贸易自由化有助于提升企业的生产率，生产率的提升有助于企业扩大生产规模，进而增加对劳动力的需求。

第二，聚焦劳动力市场的供给侧，借助个体层面的微观数据，运用固定效应模型，实证分析了贸易自由化对劳动力个体就业的影响。实证结果表明，最终品贸易自由化能够促进劳动力个体的就业，而中间品贸易自由化对劳动力个体就业的影响不显著。异质性分析的结果表明，最终品贸易自由化对劳动力个体就业的影响因个体的年龄、性别、地区、户口类型不同而存在差异。机制检验的结果表明，受教育水平是最终品贸易自由化影响个体就业的传导机制，具体而言，最终品贸易自由化带来的市场竞争激励劳动力个体提升自身的受教育水平，而受教育水平的提升能够增加劳动力个体实现就业的概率。此外，最终品贸易自由化和中间品贸易自由化对绝大部分职业的工资水平提升有显著的促进作用；而对工作强度的影响则在职业层面存在明显的差异。

第三，聚焦代际视角，使用个体层面的微观数据，实证分析了贸易自由化对代际职业流动的影响。通过对比子女与父亲的职业，发现最终品贸易自由化对代际职业流动的影响不显著；中间品贸易自由化对代际职业流动和代际职业向上流动具有显著的促进作用，而对代际职业向下流动的影响不稳健；又因为代际职业流动是衡量就业公平和社会公平的重要指标，所以为了促进中国的就业公平和社会公平，应大力推进贸易自由化尤其是中间品贸易自由化。异质性分析结果表明，中间品贸易自由化对代际职业流动的影响随子女年龄、地区和户口类型的变化而变化。通过机制检验，发现中间品贸易自由化对代际职业流动的影响机制主要包括受教育水平、劳动力产业转移、对高技能劳动力的需求和人口迁移。本书还发现，中间品贸易自由化对于子女与母亲之间的代际职业流动也具有显著的促进作用。

尽管劳动力个体就业只受最终品贸易自由化影响，但中间品贸易自由化对其并不具有显著的消极影响；同样的，职业代际流动和职业代际向上流动只受中间品贸易自由化的影响，但最终品贸易自由化对二者也不具有显著的负面影响。因此，贸易自由化对于企业劳动力需求、劳动力个体就业和代际职业流动总体上是有利的。

第四，中国的贸易自由化水平全面提升，尤其是加入世界贸易组织之后，贸易自由化进程明显提速。一方面，从平均关税水平来看，中国在2001—2005年大幅削减关税，2005年以后，中国的平均关税水平趋于稳定；另一方面，作为贸易自由化的另一条路径，中国积极参与区域贸易协定，签署的区域贸易协定数量越来越多，辐射范围越来越大。但是，中国参与的区域贸易协定以周边国家和发展中国家为主，区域贸易协定的质量尚有提升空间。通过跨国比较，发现中国的贸易自由化水平与发达国家相比尚存在一定差距，但已经走在发展中国家的前列；中国的区域贸易协定虽然在数量上处于世界前列，但质量上与部分新兴经济体相比优势并不大。

第五，中国的就业形势不容乐观。首先，中国的就业人数自 2017 年达到峰值以来，已经连续两年下降，且就业人数的增长率低于同期的人口增长率和劳动力增长率。其次，中国的城镇登记失业率经历了一个先上升后波动下降的过程，而根据 2020 年已经公布的月度失业率数据，2020 年的失业率将会超过 2019 年。最后，从 2010 年的数据来看，中国绝大部分职业的代际传承指数都很高，代际的职业流动难度较大，就业公平问题开始显现。

综上所述，贸易自由化（包括最终品贸易自由化和中间品贸易自由化）对于扩大企业劳动力需求、提高劳动力个体的就业率、推动代际职业流动都具有积极的作用。因此，进一步推进贸易自由化是中国增加国内就业、促进就业公平和社会公平的一条行之有效的途径。

第二节　政策建议

研究结论表明，贸易自由化能够显著提升中国的就业水平和就业公平。因此，根据研究结论及相关的影响机制，从国家、企业和劳动力个体三个视角出发，提出以下政策建议。

第一，深化对外开放，提升贸易自由化水平。贸易自由化水平的提升能够有效增加中国的就业并促进代际职业流动，因而中国可以从以下四点着手，提升中国的对外开放程度和贸易自由化水平进而扩大就业。首先，中国应推动世界贸易组织改革，维护多边贸易体系。自 2008 年以来，以 WTO 为核心的世界贸易体系已经危机重重。一方面，多边贸易谈判已经陷入停滞；另一方面，中国作为贸易自由化的受益方和发展中国家的代表，应该联合欧盟、日本等发达经济体和广大发展中经济体，共同维护多边贸易体制。其次，中国应积极参与区域贸易协定，推动区域范围内的贸易自由化。积极申请加入全面与进步跨太平洋伙伴关系协定（CPTPP）。中日韩自由贸易区的谈判也应提速。再次，推进"一带一路"建设，提升合作质量。中国一方面要防止"一带一路"的范围过度泛化，另一方面应推进与共建国家的自贸协定谈判，从而更好地保护中国企业的合法权益，保障中国与共建国家经贸关系的平稳运行。最后，中国应妥善处理与美国的经贸关系。中美之间的贸易摩擦愈演愈烈，给两国的就业都造成了严重冲击。中美双方应该坚持不冲突、不对抗的原则，妥善处理矛盾和管控分歧，防止两国关系恶化，尽快恢复两国之间的正常贸易。

第二，大力发展教育事业，提升劳动力素质。研究表明，教育是贸易自由化影响劳动力个体就业和劳动力代际职业流动的重要传导机制，而教育自身也会影响个体就业和代际职业流动。因此，中国必须大力发展教育事业，提升劳动力的技能水平。劳动力技能水平的提升，有助于增加劳动力与工作岗位的匹配度，从而提高劳动力个体实现就业的成功率。首先，加大对职业教育的投入，推行工学结合、校企合作的办学模式，提升学生的技能水平。其次，大力发展高等教育，提高高等教育质量，加强"双一流"大学和"双一流"学科建设，创新人才培养模式，优化人才培养结构，努力造就大批杰出人才。最后，促进教育公平，进一步加大对农村义务教育的支持力度，并通过建立健全奖学金和助学金制度，对贫困学生提供经济支持。

第三，破除体制机制障碍，促进劳动力自由流动。研究结果表明，人口迁移是贸易自由化影响代际职业流动的重要渠道。但是，户籍等制度阻碍了中国劳动力的自由流动，从而对资源的优化配置造成不利影响，同样也有损就业公平。因此，中国应该对现有制度进行有针对性的改革。首先，改革户籍制度，打破城乡二元结构，逐步取消户籍与就业、入学、医疗和社会保障之间的关联。剥离依附在户籍制度上的居住权、教育权、社会参与权、公共设施权与社会福利权利。其次，完善社会保障体系，扩大流动劳动力的参保范围，加快基本养老、基本医疗、工伤保险、失业保险和生育保险等全国联网的步伐。最后，建立健全就业服务体系，充分利用网络、电视等媒体发布招聘信息，为劳动者选择合适的就业地点和就业岗位提供信息服务。

第四，加大研发投入，提高生产效率。企业为了应对贸易自由化带来的外部竞争，必须不断提升创新能力。加大对研发的投入，提高全要素生产率，进而增强自身的竞争力。企业竞争力的提升有助于企业开拓市场和扩大生产规模，从而增加企业对劳动力的需求，缓解中国的就业压力。首先，企业应树立正确的竞争意识，面对贸易自由化带来的外国商品的竞争，企业应通过技术创新等方式，提高产品的质量，化压力为动力。创新离不开对设备和研发人员等要素的投入，这自然会增加企业对高技能劳动力的需求。其次，企业应充分利用贸易自由化尤其是中间品贸易自由化带来的便利，以更低的价格获取高质量的中间投入品，从而降低企业的生产成本并提升企业的盈利能力。最后，企业应积极开拓国际市场。随着生产效率的提高，企业可择时进入国际市场，市场的拓展一方面有助于增加企业的收入，另一方面也意味着企业生产规模的扩大，从而增加对劳动力的需求。

第五，提升受教育水平，增强就业的灵活性。首先，对于劳动力个体而言，提升受教育水平不仅能够提高就业的成功率，同样也会提高代际职业向上流动的概率。因此，劳动力个体必须摒弃"读书无用论"的错误观点，抓住一切可以学习的机会，提升自身的知识储备和技能水平，充分利用好贸易自由化带来的发展机遇。其次，就业的灵活性主要体现在求职方式、就业地点、就业类型（正规就业与非正规就业）等方面。灵活和多样化的求职方式可以帮助劳动力个体更加精准地搜索到招聘信息；通过人口迁移的方式可以打破劳动力个体与就业岗位之间空间上的障碍，劳动力个体可前往贸易自由化程度更高的地区寻找工作机会，从而提高就业地点的灵活性；提高就业类型的灵活性可以增加劳动力个体的就业选择，拓宽劳动力个体的就业领域，进而提升就业的成功率。

第三节　研究展望

在本书的研究基础上，未来可重点关注贸易自由化对劳动力个体的影响，包括工作环境、健康状况、劳工权利、收入差距、消费行为、投资行为等。随着 CFPS、CFHS 等微观数据库的不断完善，利用这些数据，我们可以开展更多劳动力个体层面的研究。这些研究关注的是个体的日常行为，因而更容易引起共鸣。以贸易自由化对劳工权利的影响为例，在区域贸易协定中，通常会有专门的条款来规范劳工权利。因此，我们可以运用文本分析的方法来衡量区域贸易协定对劳工权利的保护程度。而在 CFPS 等数据中，会询问处于就业状态的受访者，是否与工作单位签订劳动合同、工作单位是否提供"五险一金"等与劳工权利相关的信息。把二者结合起来，就可以分析贸易自由化对劳工权利的影响。

附录　相关表格

　　　　　　　　　2018 年中国的实际关税与承诺关税对比

产品编码	承诺关税	实际关税	产品编码	承诺关税	实际关税	产品编码	承诺关税	实际关税	产品编码	承诺关税	实际关税
010290	0	0	020329	12	12	020711	0	20	030223	0	12
010310	0	0	020410	15	15	020713	0	20	030229	0	12
010391	0	10	020421	0	23	020724	0	20	030231	0	12
010392	0	10	020422	15	15	020725	0	20	030232	0	12
010410	0	10	020423	15	15	020726	0	20	030233	12	12
010420	0	0	020430	15	15	020727	10	10	030239	12	12
010511	0	0	020441	0	23	020810	20	20	030329	10	10
010512	0	10	020442	12	12	020890	0	22	030331	10	10
010599	0	0	020443	15	15	021011	25	25	030332	12	12
020110	20	20	020450	20	20	021012	25	25	030333	12	12
020120	12	12	020500	0	20	021019	25	25	030339	10	10
020130	12	12	020610	12	12	021020	25	25	030341	0	12
020210	25	25	020621	12	12	030191	0	0	030342	0	12
020220	12	12	020622	12	12	030192	0	10	030343	0	12
020230	12	12	020629	12	12	030193	11	11	030349	0	12
020311	0	20	020630	0	20	030199	0	0	030510	10	10
020312	0	20	020641	0	20	030211	0	12	030520	10	10
020319	0	20	020649	12	12	030219	12	12	030541	14	14
020321	12	12	020680	0	20	030221	0	12	030542	16	16
020322	12	12	020690	18	18	030222	0	12	030549	14	14

续表

产品编码	承诺关税	实际关税	产品编码	承诺关税	实际关税	产品编码	承诺关税	实际关税	产品编码	承诺关税	实际关税
030551	16	16	040310	10	10	051000	0	6	070700	0	13
030559	0	9	040390	20	20	051110	0	0	070810	0	13
030561	16	16	040410	0	6	051191	0	12	070820	0	13
030562	16	16	040490	20	20	051199	0	0	070890	0	13
030563	16	16	040510	10	10	060110	0	0	070920	0	13
030569	16	16	040520	10	10	060120	0	15	070930	0	13
030611	10	10	040590	10	10	060210	0	0	070940	10	10
030612	10	10	040610	12	12	060220	0	10	070951	0	13
030614	10	10	040620	12	12	060230	0	0	070960	0	13
030619	16	16	040630	12	12	060240	0	15	070970	0	13
030721	0	14	040640	15	15	060290	0	10	071010	0	13
030729	14	14	040690	12	12	060390	0	23	071021	0	13
030731	0	0	040819	20	20	070110	0	13	071022	0	13
030739	14	14	040899	20	20	070190	0	13	071029	0	13
030749	12	11	040900	15	15	070200	0	13	071030	0	13
030751	17	17	041000	0	19	070310	0	13	071040	10	10
030759	17	17	050100	15	15	070320	0	13	071080	0	13
030760	0	0	050210	0	20	070390	0	13	071090	10	10
030791	0	14	050290	0	20	070410	10	10	071120	0	13
030799	10	10	050400	0	19	070420	0	13	071140	0	13
040110	15	15	050510	10	10	070490	0	13	071190	0	13
040120	15	15	050590	10	10	070511	10	10	071220	0	13
040210	10	10	050610	0	12	070519	10	10	071290	0	13
040221	10	10	050690	0	12	070521	0	13	071310	0	5
040229	10	10	050710	10	10	070529	0	13	071320	0	0
040291	10	10	050790	11	8	070610	0	13	071331	0	0
040299	10	10	050800	0	12	070690	0	13	071332	0	3

续表

产品编码	承诺关税	实际关税	产品编码	承诺关税	实际关税	产品编码	承诺关税	实际关税	产品编码	承诺关税	实际关税
071333	0	8	080540	12	12	081400	25	25	110100	65	65
071339	7	7	080590	30	30	090111	8	8	110220	40	40
071340	0	7	080610	13	13	090112	8	8	110290	5	28
071350	0	7	080620	10	10	090121	15	15	110311	65	65
071390	0	0	080711	25	25	090122	15	15	110313	65	65
071410	0	8	080719	12	12	090190	10	20	110319	5	8
071420	0	0	080720	25	25	090210	15	15	110412	20	20
071490	0	13	080810	10	10	090220	15	15	110419	20	20
080111	12	12	080910	25	25	090230	15	15	110422	20	20
080119	12	12	080930	10	10	090240	15	15	110423	65	65
080121	10	10	080940	10	10	090300	10	10	110429	20	43
080122	10	10	081010	14	14	090411	0	20	110430	20	20
080131	20	20	081020	25	25	090412	0	20	110510	15	15
080132	10	10	081030	25	25	090620	0	15	110520	15	15
080211	24	24	081040	0	30	091020	0	2	110610	10	10
080212	10	10	081050	20	20	091030	0	15	110620	20	20
080221	25	25	081090	20	20	091091	0	15	110630	20	20
080222	10	10	081110	0	30	091099	0	15	110710	0	10
080231	25	25	081120	0	30	100510	20	20	110720	0	10
080232	20	20	081190	0	30	100590	65	65	110811	0	20
080290	24	25	081210	30	30	100610	65	65	110812	0	20
080410	0	15	081290	25	25	100620	65	65	110813	15	15
080420	0	30	081310	25	25	100630	65	65	110814	10	10
080430	12	12	081320	25	25	100640	0	65	110819	0	20
080440	0	25	081330	25	25	100810	2	2	110820	20	20
080450	15	15	081340	25	24	100830	2	2	110900	18	18
080510	11	11	081350	0	18	100890	0	0	120300	0	15

续表

产品编码	承诺关税	实际关税	产品编码	承诺关税	实际关税	产品编码	承诺关税	实际关税	产品编码	承诺关税	实际关税
120400	0	15	121300	12	12	150890	0	10	152110	0	20
120600	0	15	121410	5	5	150910	10	10	152190	0	20
120710	0	10	121490	0	9	150990	10	10	152200	20	20
120730	0	0	130120	0	15	151000	10	10	160100	15	15
120740	10	10	130190	0	10	151110	9	9	160210	15	15
120750	0	0	130211	0	0	151190	0	9	160220	15	15
120760	0	20	130212	0	6	151211	9	9	160231	15	15
120791	20	20	130213	10	10	151219	9	9	160232	15	15
120799	0	15	130214	0	20	151221	0	10	160239	15	15
120810	0	9	130219	0	13	151229	0	10	160241	15	15
120890	15	15	130220	0	20	151311	9	9	160242	15	15
120921	0	0	130231	10	10	151319	9	9	160249	15	15
120922	0	0	130232	15	15	151321	9	9	160250	12	12
120923	0	0	130239	15	15	151329	9	9	160290	15	15
120924	0	0	140110	0	10	151511	15	15	160300	23	23
120925	0	0	140120	0	10	151519	15	15	160412	12	12
120929	0	0	140190	0	10	151521	0	10	160413	5	5
120930	0	0	140420	0	4	151529	0	10	160414	5	5
120991	0	0	140490	0	10	151530	10	10	160415	12	12
120999	0	0	150300	10	10	151550	0	12	160416	12	12
121010	20	20	150410	0	12	151590	20	20	160419	12	12
121020	10	10	150420	12	12	151610	5	5	160420	12	12
121120	20	17	150430	14	14	151620	25	25	160510	5	5
121190	0	6	150600	20	20	151710	30	30	160530	5	5
121291	0	20	150710	9	9	151790	25	25	160540	5	5
121292	0	20	150790	9	9	151800	10	10	170112	50	50
121299	20	23	150810	0	10	152000	0	20	170191	50	50

产品编码	承诺关税	实际关税	产品编码	承诺关税	实际关税	产品编码	承诺关税	实际关税	产品编码	承诺关税	实际关税
170199	50	50	190211	15	15	200580	10	10	210310	0	28
170211	10	10	190219	15	15	200600	30	30	210320	15	15
170219	10	10	190220	15	15	200710	0	30	210330	15	15
170220	30	30	190230	15	15	200791	0	30	210390	21	21
170230	30	30	190240	0	25	200799	5	5	210410	15	15
170240	30	30	190300	15	15	200811	0	30	210420	32	32
170250	30	30	190410	0	25	200819	13	13	210500	19	19
170260	30	30	190420	0	30	200820	15	15	210610	10	10
170290	30	30	190490	0	30	200830	20	20	210690	35	18
170310	0	8	190510	20	20	200840	20	20	220110	20	20
170390	0	8	190520	20	20	200850	20	20	220190	0	10
170410	12	12	190540	20	20	200860	20	20	220210	20	20
170490	10	10	190590	20	20	200870	20	15	220300	0	0
180100	8	8	200110	0	25	200880	15	15	220410	14	14
180200	0	10	200190	0	25	200891	5	5	220421	14	14
180310	0	10	200210	0	22	200899	15	17	220429	20	20
180320	0	10	200290	20	19	200911	0	8	220430	30	30
180400	22	22	200310	0	25	200919	30	30	220510	0	65
180500	15	15	200410	13	13	200950	30	30	220590	0	65
180610	0	10	200490	0	25	200990	20	20	220600	40	40
180620	10	10	200510	0	25	210111	17	17	220710	0	40
180631	8	8	200520	15	15	210112	30	30	220720	30	30
180632	10	10	200540	0	25	210120	32	32	220820	10	10
180690	8	8	200551	0	25	210130	32	32	220830	10	10
190110	0	15	200559	0	25	210210	25	25	220840	10	10
190120	0	25	200560	0	25	210220	25	25	220850	10	10
190190	10	10	200570	10	10	210230	25	25	220860	10	10

续表

产品编码	承诺关税	实际关税	产品编码	承诺关税	实际关税	产品编码	承诺关税	实际关税	产品编码	承诺关税	实际关税
220870	10	10	240220	25	25	251511	0	4	252510	0	5
220890	10	10	240290	25	25	251512	0	4	252520	0	5
220900	20	20	240391	0	57	251520	0	3	252530	0	5
230110	0	4	240399	0	57	251611	0	4	252610	0	3
230120	0	4	250100	0	0	251612	0	4	252620	0	3
230210	0	5	250200	0	3	251690	0	3	252910	0	3
230230	3	3	250300	0	3	251710	0	4	252921	0	3
230240	0	5	250410	0	3	251720	0	3	252922	0	3
230250	0	5	250490	0	3	251730	0	3	252930	0	5
230310	0	5	250510	0	3	251741	0	3	253010	0	5
230320	0	5	250590	0	3	251749	0	3	253020	0	3
230330	0	5	250610	0	3	251810	0	3	253090	0	0
230400	0	5	250700	0	3	251820	0	3	260111	0	0
230500	0	5	250810	0	3	251830	0	3	260112	0	0
230610	0	5	250830	0	3	251910	0	3	260120	0	0
230620	0	5	250840	0	3	251990	0	3	260200	0	0
230630	0	5	250850	0	3	252010	0	5	260300	0	0
230650	0	5	250860	0	3	252020	0	5	260400	0	0
230660	0	5	250870	0	3	252100	0	5	260500	0	0
230690	0	5	250900	0	3	252210	0	5	260600	0	0
230700	0	5	251010	0	3	252220	0	5	260700	0	0
230910	15	15	251020	0	3	252230	0	5	260800	0	0
230990	7	6	251110	0	3	252310	0	8	260900	0	0
240110	10	10	251120	0	3	252321	0	6	261000	0	0
240120	10	10	251200	0	3	252329	0	8	261100	0	0
240130	10	10	251320	0	3	252330	0	6	261210	0	0
240210	25	25	251400	0	3	252390	0	8	261220	0	0

续表

产品编码	承诺关税	实际关税	产品编码	承诺关税	实际关税	产品编码	承诺关税	实际关税	产品编码	承诺关税	实际关税
261310	0	0	270730	0	6	280120	0	6	281119	0	6
261390	0	0	270740	0	7	280130	0	6	281121	0	6
261400	0	0	270750	0	7	280200	0	6	281122	0	6
261510	0	0	270791	0	7	280300	0	6	281129	0	6
261590	0	0	270799	0	7	280410	0	6	281290	0	6
261610	0	0	270810	0	7	280421	0	6	281310	0	6
261690	0	0	270820	0	6	280429	0	6	281390	0	6
261710	0	0	270900	0	0	280430	0	6	281410	0	6
261790	0	0	271111	0	0	280440	0	6	281420	0	6
261800	0	4	271112	0	5	280450	0	6	281511	0	10
261900	0	4	271113	0	8	280461	0	4	281512	8	8
262011	0	4	271114	0	5	280469	0	4	281520	6	6
262019	0	4	271119	0	7	280470	0	6	281530	0	6
262030	0	4	271121	0	0	280480	0	6	281610	0	6
262040	0	4	271129	0	6	280490	0	5	281700	0	6
270111	0	3	271210	0	8	280511	0	6	281810	0	6
270112	0	5	271220	0	8	280519	0	6	281820	8	8
270119	0	5	271290	0	8	280530	0	6	281830	0	6
270120	0	5	271311	0	3	280540	0	6	281910	0	6
270210	0	3	271312	0	3	280610	0	6	281990	0	6
270220	0	3	271320	0	8	280620	0	6	282010	0	6
270300	0	5	271390	0	6	280700	0	6	282090	0	6
270400	0	5	271410	0	6	280800	0	6	282110	0	6
270500	0	5	271490	0	6	280910	0	1	282120	0	6
270600	0	6	271500	0	8	280920	0	3	282200	0	6
270710	0	6	271600	0	0	281000	6	6	282300	0	6
270720	0	6	280110	0	6	281111	0	6	282410	0	6

产品编码	承诺关税	实际关税	产品编码	承诺关税	实际关税	产品编码	承诺关税	实际关税	产品编码	承诺关税	实际关税
282490	0	6	282911	0	12	283526	6	6	284180	0	6
282510	0	6	282919	0	6	283529	6	6	284190	0	6
282520	6	6	282990	0	6	283531	0	6	284210	0	6
282530	0	6	283010	0	6	283539	0	6	284290	0	6
282540	0	6	283090	0	6	283620	6	6	284310	0	6
282550	0	6	283110	0	6	283630	6	6	284321	0	6
282560	0	6	283190	0	6	283640	0	6	284329	0	6
282570	0	6	283210	0	6	283650	0	6	284330	0	6
282580	0	6	283220	0	6	283660	0	6	284390	0	6
282590	0	6	283230	0	6	283691	6	6	284410	0	6
282612	0	6	283311	0	6	283692	0	6	284420	0	6
282619	6	6	283319	0	6	283699	0	6	284430	0	6
282630	0	6	283321	0	6	283711	0	6	284440	0	5
282690	0	6	283322	0	6	283719	0	6	284450	0	6
282710	0	5	283324	0	6	283720	0	6	284510	0	6
282720	0	6	283325	0	6	283911	0	6	284590	0	6
282731	0	6	283327	0	6	283919	0	6	284610	0	6
282732	0	6	283329	0	6	283990	0	6	284690	0	6
282735	0	6	283330	0	6	284011	0	6	284700	0	6
282739	6	6	283340	0	6	284019	0	6	284910	6	6
282741	0	6	283410	0	6	284020	0	6	284920	6	6
282749	0	6	283421	0	5	284030	0	6	284990	0	6
282751	0	6	283429	6	6	284130	0	6	285000	0	6
282759	0	6	283510	0	6	284150	0	6	290110	2	2
282760	0	6	283522	0	6	284161	6	6	290121	2	2
282810	0	12	283524	0	6	284169	0	6	290122	2	2
282890	0	6	283525	0	6	284170	0	6	290123	2	2

续表

产品编码	承诺关税	实际关税	产品编码	承诺关税	实际关税	产品编码	承诺关税	实际关税	产品编码	承诺关税	实际关税
290124	2	2	290512	0	6	290719	0	5	291249	0	6
290129	2	2	290513	0	6	290721	6	6	291250	0	6
290211	2	2	290514	0	6	290722	6	6	291260	0	6
290219	2	2	290516	0	6	290723	6	6	291300	0	6
290220	2	2	290517	0	7	290729	0	5	291411	0	6
290230	2	2	290519	6	6	290911	0	6	291412	0	6
290241	2	2	290522	6	6	290919	6	6	291413	0	6
290242	2	2	290529	0	6	290920	6	6	291419	0	6
290243	2	2	290531	6	6	290930	0	6	291422	0	6
290244	2	2	290532	0	6	290941	6	6	291423	0	6
290250	2	2	290539	0	5	290943	6	6	291429	0	6
290260	2	2	290541	0	6	290944	6	6	291431	0	6
290270	2	2	290542	0	6	290949	0	5	291439	0	5
290290	2	2	290543	0	8	290950	6	6	291440	0	6
290311	6	6	290544	0	14	290960	6	6	291450	0	6
290312	8	8	290545	0	14	291010	6	6	291461	0	6
290313	10	10	290549	6	6	291020	6	6	291469	0	6
290314	8	8	290611	0	5	291030	6	6	291511	0	6
290315	6	6	290612	0	6	291090	6	6	291512	0	6
290319	0	7	290613	6	6	291100	0	6	291513	0	6
290321	6	6	290619	6	6	291211	6	6	291521	0	6
290322	8	8	290621	0	5	291212	6	6	291524	6	6
290323	6	6	290629	0	6	291219	6	6	291529	0	6
290329	6	6	290711	6	6	291221	0	6	291531	0	6
290410	0	6	290712	0	6	291229	6	6	291532	0	6
290420	0	6	290713	6	6	291241	6	6	291533	0	6
290511	6	6	290715	6	6	291242	0	6	291539	0	6

产品编码	承诺关税	实际关税	产品编码	承诺关税	实际关税	产品编码	承诺关税	实际关税	产品编码	承诺关税	实际关税
291540	0	6	291737	0	7	292145	0	7	292990	9	7
291550	0	6	291739	0	7	292149	0	6	293020	0	7
291560	0	6	291811	0	7	292151	0	5	293030	0	7
291570	7	6	291812	0	7	292159	0	7	293040	0	7
291590	0	6	291813	0	7	292211	0	7	293090	0	7
291611	0	7	291814	0	7	292212	0	7	293211	0	6
291612	0	7	291815	0	7	292219	0	7	293212	0	6
291613	0	7	291816	0	7	292221	0	7	293213	0	6
291614	0	7	291817	0	7	292229	0	7	293219	0	7
291615	0	7	291819	0	7	292241	0	6	293291	0	7
291619	0	7	291821	0	7	292242	10	9	293292	0	7
291620	0	5	291822	0	6	292243	0	7	293293	0	7
291631	0	7	291823	0	7	292249	0	6	293294	0	7
291632	0	7	291829	0	7	292250	0	7	293299	0	6
291634	0	7	291830	0	7	292310	0	7	293311	0	7
291639	0	7	292090	0	7	292320	0	7	293319	0	6
291711	0	7	292111	0	7	292390	0	7	293321	0	7
291712	0	7	292112	0	7	292421	0	7	293329	0	7
291713	0	7	292119	0	6	292429	0	6	293331	0	6
291714	0	7	292121	0	7	292511	0	9	293332	0	5
291719	0	7	292122	0	7	292519	0	7	293339	0	7
291720	0	5	292129	0	7	292610	0	7	293359	0	7
291732	0	7	292130	0	7	292620	0	7	293361	0	7
291733	0	7	292141	0	7	292690	0	6	293369	0	6
291734	0	7	292142	0	7	292700	0	7	293371	9	9
291735	7	7	292143	0	7	292800	0	7	293379	0	9
291736	7	7	292144	0	7	292910	0	7	293410	0	7

续表

产品编码	承诺关税	实际关税	产品编码	承诺关税	实际关税	产品编码	承诺关税	实际关税	产品编码	承诺关税	实际关税
293420	0	7	294120	0	4	300630	4	4	320120	0	7
293430	0	7	294130	0	4	300640	0	5	320190	0	7
293621	4	4	294140	0	4	300650	0	5	320210	0	7
293622	4	4	294150	4	4	300660	0	0	320290	0	7
293623	4	4	294190	6	5	310100	0	5	320300	0	7
293624	4	4	294200	0	7	310210	0	50	320411	7	7
293625	4	4	300120	3	3	310221	0	4	320412	7	7
293626	4	4	300190	3	3	310229	0	4	320413	0	7
293627	4	4	300220	0	3	310230	0	4	320414	0	7
293628	4	4	300230	0	3	310240	0	4	320415	0	7
293629	4	4	300290	0	3	310250	0	4	320416	7	7
293690	4	4	300310	6	6	310260	0	4	320417	0	7
293721	4	4	300320	6	6	310280	0	4	320419	0	7
293722	4	4	300331	5	5	310290	0	4	320420	0	7
293729	4	4	300339	6	6	310390	0	4	320490	0	7
293810	0	7	300390	0	5	310420	0	3	320500	0	7
293890	0	7	300410	6	6	310430	0	3	320611	0	7
293930	4	4	300420	6	6	310490	0	3	320619	0	10
293941	4	4	300431	5	5	310510	0	4	320620	0	7
293942	4	4	300432	5	5	310520	0	50	320641	0	7
293949	4	4	300439	5	5	310530	0	50	320642	0	7
293961	4	4	300450	6	6	310540	0	4	320649	0	7
293962	4	4	300490	3	4	310551	0	4	320650	0	7
293963	4	4	300510	0	5	310559	0	4	320710	0	5
293969	4	4	300590	0	5	310560	0	4	320720	0	5
294000	0	6	300610	0	5	310590	0	4	320730	0	5
294110	4	5	300620	3	3	320110	0	5	320740	0	5

续表

产品编码	承诺关税	实际关税	产品编码	承诺关税	实际关税	产品编码	承诺关税	实际关税	产品编码	承诺关税	实际关税
320810	10	10	330410	10	10	340311	10	10	350790	0	6
320820	10	10	330420	10	10	340319	10	10	360100	0	9
320890	10	10	330430	15	15	340391	10	10	360200	0	9
320910	10	10	330491	10	10	340399	10	10	360300	0	9
320990	10	10	330499	7	7	340420	10	10	360410	0	6
321000	10	10	330510	7	7	340490	10	10	360490	0	6
321100	10	10	330520	0	15	340510	10	10	360500	0	6
321210	0	15	330530	15	15	340520	10	10	360610	10	10
321290	10	10	330590	10	10	340530	10	10	360690	0	9
321310	10	10	330610	10	10	340540	10	10	370110	20	20
321390	10	10	330620	10	10	340590	10	10	370120	0	5
321410	0	9	330690	10	10	340600	10	10	370130	10	6
321490	0	9	330710	10	10	340700	0	8	370191	0	22
321511	7	7	330720	10	10	350110	0	10	370199	10	13
321519	7	7	330730	10	10	350190	0	10	370210	10	10
321590	7	9	330741	10	10	350211	0	10	370310	18	18
330112	0	20	330749	10	10	350219	0	10	370320	18	27
330113	0	20	330790	9	9	350220	0	10	370390	35	27
330119	20	20	340111	10	10	350290	0	10	370400	7	12
330124	20	20	340119	10	13	350300	12	12	370610	0	0
330125	15	15	340120	15	15	350400	3	6	370690	0	4
330129	15	19	340211	0	7	350510	12	12	370710	8	8
330130	20	20	340212	0	7	350520	0	20	370790	16	9
330190	20	20	340213	0	7	350610	10	10	380110	0	7
330210	15	15	340219	0	7	350691	10	10	380120	0	7
330290	10	10	340220	10	10	350699	10	10	380130	0	7
330300	10	10	340290	9	9	350710	0	6	380190	0	7

续表

产品编码	承诺关税	实际关税	产品编码	承诺关税	实际关税	产品编码	承诺关税	实际关税	产品编码	承诺关税	实际关税
380210	0	7	381512	0	7	390230	7	7	390730	7	7
380290	0	10	381519	0	7	390290	7	7	390740	7	7
380300	0	7	381590	0	7	390311	7	7	390750	0	10
380400	0	7	381600	0	7	390319	7	7	390791	7	7
380510	0	7	381800	0	0	390320	0	12	390799	7	7
380590	0	7	381900	0	7	390330	7	7	390810	7	7
380610	0	10	382000	10	10	390390	7	7	390890	10	10
380620	7	7	382100	0	3	390410	7	7	390910	7	7
380630	7	7	382200	5	5	390421	7	7	390920	7	7
380690	7	7	382311	0	16	390422	7	7	390940	7	7
380700	7	7	382312	0	16	390430	9	9	390950	7	7
380910	0	10	382313	0	16	390440	0	12	391000	7	7
380991	0	7	382319	0	16	390450	7	7	391110	7	7
380992	0	7	382370	0	13	390461	10	10	391190	7	7
380993	0	7	382410	0	7	390469	7	7	391211	7	7
381010	0	7	382430	0	7	390490	10	10	391212	7	7
381090	0	7	382440	0	7	390512	10	10	391220	7	7
381111	0	7	382450	0	7	390519	10	10	391231	7	7
381119	0	7	382460	0	14	390521	10	10	391239	7	7
381121	0	7	382471	7	7	390529	10	10	391290	7	7
381129	0	7	382479	7	7	390530	0	14	391310	0	10
381190	0	7	390110	7	7	390591	10	10	391390	7	7
381210	0	6	390120	7	7	390599	10	10	391400	7	7
381220	0	7	390130	7	7	390610	7	7	391510	7	7
381300	10	8	390190	7	7	390690	7	7	391520	7	7
381400	10	10	390210	7	7	390710	7	7	391530	7	7
381511	0	7	390220	7	7	390720	7	7	391590	7	7

续表

产品编码	承诺关税	实际关税	产品编码	承诺关税	实际关税	产品编码	承诺关税	实际关税	产品编码	承诺关税	实际关税
391610	10	10	392073	7	7	392530	10	10	400510	0	8
391620	10	10	392079	10	10	392590	10	10	400520	0	8
391690	0	10	392091	7	7	392610	10	10	400591	0	8
391710	10	10	392092	10	10	392620	10	10	400599	0	8
391721	10	10	392093	7	7	392630	10	10	400610	0	8
391722	10	10	392094	10	10	392640	10	10	400690	0	11
391723	10	10	392099	7	7	392690	10	10	400700	0	14
391729	10	10	392111	10	10	400110	0	20	400811	0	8
391731	10	10	392112	9	8	400122	0	20	400819	0	8
391732	7	7	392113	9	8	400129	0	20	400821	0	8
391733	7	7	392114	10	10	400130	20	20	400829	0	8
391739	7	7	392119	9	8	400211	0	8	401011	0	10
391740	10	10	392190	7	7	400219	0	8	401012	0	10
391810	10	10	392210	10	10	400220	0	8	401019	0	10
391890	10	10	392220	10	10	400231	8	7	401110	10	10
391910	7	7	392290	10	10	400239	0	8	401120	10	10
391990	7	7	392310	10	10	400241	0	8	401130	0	1
392010	7	7	392321	10	10	400249	8	8	401140	15	15
392020	7	7	392329	10	10	400251	0	8	401150	0	20
392030	7	7	392330	7	7	400259	0	8	401220	25	25
392051	7	7	392340	10	10	400260	3	4	401290	0	16
392059	7	7	392350	10	10	400270	0	8	401310	15	15
392061	7	7	392390	10	10	400280	8	8	401320	0	15
392062	7	7	392410	10	10	400291	0	8	401390	0	9
392063	10	10	392490	10	10	400299	0	6	401410	0	0
392069	10	10	392510	10	10	400300	8	8	401490	0	18
392071	7	7	392520	10	10	400400	0	8	401511	0	8

续表

产品编码	承诺关税	实际关税	产品编码	承诺关税	实际关税	产品编码	承诺关税	实际关税	产品编码	承诺关税	实际关税
401519	0	18	420299	20	20	440500	0	8	442090	0	0
401590	0	12	420310	10	10	440725	0	0	442110	0	0
401610	0	12	420321	20	20	440726	0	0	450110	0	6
401691	0	18	420329	20	20	440729	0	0	450190	0	0
401692	0	18	420330	10	10	440791	0	0	450200	0	8
401693	0	12	420340	20	20	440792	0	0	450310	0	8
401694	0	18	420500	12	11	440799	1	0	450390	0	11
401695	0	18	430110	15	15	440810	0	5	450410	0	8
401699	10	9	430130	0	20	440831	0	6	450490	0	0
401700	0	12	430160	0	20	440839	0	6	460199	0	9
410210	7	7	430180	0	20	440890	3	3	460290	0	9
410221	0	12	430190	0	20	440910	8	8	470100	0	0
410229	0	11	430211	12	12	441011	4	4	470200	0	0
410320	0	9	430219	10	13	441019	4	4	470311	0	0
410390	0	11	430220	0	20	441090	8	8	470319	0	0
420100	20	20	430230	0	20	441299	4	8	470321	0	0
420211	15	13	430310	0	21	441300	0	6	470329	0	0
420212	0	20	430390	0	18	441400	0	20	470411	0	0
420219	20	20	430400	0	18	441510	8	8	470419	0	0
420221	10	10	440121	0	0	441520	8	8	470421	0	0
420222	10	10	440122	0	0	441600	0	16	470429	0	0
420229	20	20	440341	0	0	441700	0	16	470500	0	0
420231	10	10	440349	0	0	441810	4	4	470610	0	0
420232	0	20	440391	0	0	441820	4	4	470620	0	0
420239	20	20	440399	0	0	441840	4	4	470691	0	0
420291	10	10	440410	0	8	441850	8	8	470692	0	0
420292	10	10	440420	0	8	442010	0	0	470693	0	0

产品编码	承诺关税	实际关税	产品编码	承诺关税	实际关税	产品编码	承诺关税	实际关税	产品编码	承诺关税	实际关税
470710	0	0	480640	0	8	481890	8	8	490400	0	0
470720	0	0	480810	8	8	481910	5	5	490510	0	0
470730	0	0	480890	8	8	481920	5	5	490591	0	0
470790	0	0	480920	8	8	481930	8	8	490599	0	0
480100	5	5	480990	8	8	481940	8	8	490600	0	0
480210	8	8	481029	5	5	481950	8	8	490700	8	8
480220	8	8	481031	5	5	481960	8	8	490810	8	8
480240	8	8	481032	5	5	482010	8	8	490890	8	8
480300	8	8	481039	5	5	482020	8	8	490900	8	8
480411	5	5	481099	8	8	482030	8	8	491000	8	8
480419	5	5	481110	8	8	482040	8	8	491110	8	8
480421	5	5	481190	8	8	482050	8	8	491191	8	8
480429	5	5	481200	8	8	482090	8	8	491199	8	8
480431	2	2	481310	8	8	482110	8	8	500100	0	6
480439	2	2	481320	8	8	482190	8	8	500200	0	9
480441	2	2	481390	8	8	482210	8	8	500400	6	6
480442	5	5	481420	8	8	482290	8	8	500500	6	6
480449	2	2	481490	8	8	482320	8	8	500600	6	6
480451	2	2	481620	8	8	482340	8	8	500710	10	10
480452	5	5	481690	8	8	482370	8	8	500720	10	10
480459	2	2	481710	8	8	482390	8	8	500790	10	10
480530	8	8	481720	8	8	490110	0	0	510111	0	38
480540	8	8	481730	8	8	490191	0	0	510119	0	38
480550	8	8	481810	8	8	490199	0	0	510121	0	38
480610	0	8	481820	8	8	490210	0	0	510129	0	38
480620	0	8	481830	8	8	490290	0	0	510130	0	38
480630	0	8	481850	8	8	490300	0	0	510220	0	9

续表

产品编码	承诺关税	实际关税	产品编码	承诺关税	实际关税	产品编码	承诺关税	实际关税	产品编码	承诺关税	实际关税
510310	0	24	520100	40	40	520543	5	5	520811	10	10
510320	0	11	520210	0	10	520544	5	5	520812	10	10
510330	0	9	520291	0	10	520546	5	5	520813	10	10
510400	0	10	520299	0	10	520547	5	5	520819	10	10
510510	0	38	520300	40	40	520548	5	5	520821	10	10
510521	0	38	520411	5	5	520611	5	5	520822	10	10
510529	0	38	520419	5	5	520612	5	5	520823	12	12
510540	5	5	520420	5	5	520613	5	5	520829	10	10
510610	5	5	520511	5	5	520614	5	5	520831	10	10
510620	5	5	520512	5	5	520615	5	5	520832	10	10
510710	5	5	520513	5	5	520621	5	5	520833	10	10
510720	5	5	520514	5	5	520622	5	5	520839	10	10
510810	5	5	520515	5	5	520623	5	5	520841	10	10
510820	5	5	520521	5	5	520624	5	5	520842	10	10
510910	6	6	520522	5	5	520625	5	5	520843	10	10
510990	6	6	520523	5	5	520631	5	5	520849	10	10
511000	6	6	520524	5	5	520632	5	5	520851	10	10
511111	10	10	520526	5	5	520633	5	5	520852	10	10
511119	10	10	520527	5	5	520634	5	5	520859	10	10
511120	10	10	520528	5	5	520635	5	5	520911	10	10
511130	10	10	520531	5	5	520641	5	5	520912	10	10
511190	10	10	520532	5	5	520642	5	5	520919	10	10
511211	10	10	520533	5	5	520643	5	5	520921	12	12
511219	10	10	520534	5	5	520644	5	5	520922	12	12
511230	10	10	520535	5	5	520645	5	5	520929	12	12
511290	10	10	520541	5	5	520710	6	6	520931	10	10
511300	10	10	520542	5	5	520790	6	6	520932	10	10

产品编码	承诺关税	实际关税	产品编码	承诺关税	实际关税	产品编码	承诺关税	实际关税	产品编码	承诺关税	实际关税
520939	10	10	521143	10	10	530810	0	6	540333	5	5
520941	10	10	521149	10	10	530820	0	6	540339	5	5
520942	10	10	521151	10	10	530890	6	6	540341	5	5
520943	10	10	521152	10	10	530911	10	10	540342	5	5
520949	10	10	521159	10	10	530919	10	10	540349	5	5
520951	10	10	521211	12	12	530921	10	10	540490	5	5
520952	10	10	521212	14	14	530929	10	10	540500	5	5
520959	10	10	521213	10	10	531010	10	10	540710	10	10
521011	12	12	521214	10	10	531090	10	10	540720	10	10
521019	12	12	521215	10	10	531100	12	11	540730	10	10
521021	14	14	521221	12	12	540110	5	5	540741	10	10
521029	14	14	521222	14	14	540120	5	5	540742	10	10
521031	10	10	521223	10	10	540220	5	5	540743	10	10
521032	10	10	521224	10	10	540231	5	5	540744	10	10
521039	10	10	521225	10	10	540232	5	5	540751	10	10
521041	10	10	530110	0	6	540233	5	5	540752	10	10
521049	10	10	530121	0	6	540239	5	5	540753	10	10
521051	10	10	530129	0	6	540249	5	5	540754	10	10
521059	10	10	530130	0	6	540251	5	5	540761	10	10
521111	12	12	530210	0	6	540252	5	5	540769	10	10
521112	12	12	530290	0	6	540259	5	5	540771	10	10
521119	12	12	530310	0	5	540261	5	5	540772	10	10
521131	10	10	530390	0	5	540262	5	5	540773	10	10
521132	10	10	530610	6	6	540269	5	5	540774	10	10
521139	10	10	530620	0	10	540310	5	5	540781	10	10
521141	10	10	530710	0	6	540331	5	5	540782	10	10
521142	10	10	530720	0	6	540332	5	5	540783	10	10

产品编码	承诺关税	实际关税	产品编码	承诺关税	实际关税	产品编码	承诺关税	实际关税	产品编码	承诺关税	实际关税
540784	10	10	550620	5	5	551030	5	5	551423	10	10
540791	10	10	550630	5	5	551090	5	5	551429	10	10
540792	10	10	550690	5	5	551110	5	5	551441	10	10
540793	10	10	550700	5	5	551120	5	5	551442	10	10
540794	10	10	550810	5	5	551130	5	5	551443	10	10
540810	10	10	550820	5	5	551211	15	15	551449	10	10
540821	12	12	550911	5	5	551219	10	10	551511	10	10
540822	10	10	550912	5	5	551221	13	13	551512	10	10
540823	10	10	550921	5	5	551229	10	10	551513	10	10
540824	10	10	550922	5	5	551291	18	18	551519	10	10
540831	10	10	550931	5	5	551299	10	10	551521	10	10
540832	10	10	550932	5	5	551311	15	16	551522	12	12
540833	10	10	550941	5	5	551312	18	17	551529	10	10
540834	10	10	550942	5	5	551313	18	17	551591	10	10
550110	5	5	550951	5	5	551319	18	18	551599	10	10
550120	5	5	550952	5	5	551321	10	10	551611	12	12
550130	5	5	550953	5	5	551323	10	10	551612	10	10
550190	5	5	550959	5	5	551329	10	10	551613	10	10
550320	5	5	550961	5	5	551331	10	10	551614	10	10
550330	5	5	550962	5	5	551339	10	10	551621	12	12
550340	5	5	550969	5	5	551341	10	10	551622	10	10
550390	5	5	550991	5	5	551349	10	10	551623	10	10
550410	5	5	550992	5	5	551411	16	17	551624	10	10
550490	5	5	550999	5	5	551412	16	17	551631	12	12
550510	5	5	551011	5	5	551419	16	17	551632	10	10
550520	5	5	551012	5	5	551421	10	10	551633	10	10
550610	5	5	551020	5	5	551422	10	10	551634	10	10

续表

产品编码	承诺关税	实际关税	产品编码	承诺关税	实际关税	产品编码	承诺关税	实际关税	产品编码	承诺关税	实际关税
551641	12	12	560600	5	5	570390	14	14	580639	10	10
551642	12	12	560721	5	5	570410	14	14	580640	10	10
551643	10	10	560729	5	5	570490	10	10	580710	10	10
551644	10	10	560741	5	5	570500	14	13	580790	10	10
551691	12	12	560749	5	5	580110	10	10	580810	10	10
551692	10	10	560750	5	5	580121	12	12	580890	10	10
551693	10	10	560790	5	5	580122	10	10	580900	10	10
551694	10	10	560811	10	10	580123	10	10	581010	10	10
560121	10	10	560819	12	12	580126	10	10	581091	10	10
560122	12	12	560890	10	10	580131	10	10	581092	10	10
560129	10	10	560900	10	10	580132	10	10	581099	10	10
560130	10	10	570110	14	14	580133	10	10	581100	12	12
560210	10	10	570190	16	15	580136	10	10	590110	10	10
560221	10	10	570210	14	14	580190	10	10	590190	10	10
560229	10	10	570220	14	14	580211	12	12	590210	10	10
560290	10	10	570231	10	10	580219	10	10	590220	10	10
560311	10	10	570232	16	16	580220	14	13	590290	10	10
560312	10	10	570239	14	14	580230	10	10	590310	10	10
560313	10	10	570241	10	10	580410	10	11	590320	10	10
560314	10	10	570242	10	10	580421	10	10	590390	10	10
560391	10	10	570249	14	14	580429	10	10	590410	14	14
560392	10	10	570291	14	14	580430	10	10	590500	10	10
560393	10	10	570292	16	16	580500	12	12	590610	10	10
560394	10	10	570299	14	14	580610	10	10	590691	10	10
560410	5	5	570310	14	14	580620	10	10	590699	10	10
560490	5	5	570320	10	10	580631	10	10	590700	10	10
560500	5	5	570330	10	10	580632	10	10	590800	10	10

续表

产品编码	承诺关税	实际关税	产品编码	承诺关税	实际关税	产品编码	承诺关税	实际关税	产品编码	承诺关税	实际关税
590900	8	8	610333	19	19	610469	16	16	610990	14	14
591000	8	8	610339	16	16	610510	16	16	611020	14	14
591110	8	8	610341	16	16	610520	18	18	611030	16	16
591120	8	8	610342	16	16	610590	16	16	611090	14	14
591131	8	8	610343	18	18	610610	16	16	611120	14	14
591132	8	8	610349	16	16	610620	18	18	611130	16	16
591140	8	8	610413	0	25	610690	16	16	611190	14	14
591190	8	8	610419	18	18	610711	14	14	611211	16	16
600110	10	10	610422	18	18	610712	16	16	611212	18	18
600121	10	10	610423	0	25	610719	14	14	611219	16	16
600122	10	10	610429	15	16	610721	14	14	611220	16	18
600129	12	12	610431	16	16	610722	16	16	611231	18	18
600191	10	10	610432	16	16	610729	14	14	611239	16	16
600192	10	10	610433	19	19	610791	14	14	611241	18	18
600199	12	12	610439	16	16	610799	14	15	611249	16	16
610120	18	18	610441	16	16	610811	16	16	611300	16	16
610130	18	18	610442	16	16	610819	14	14	611420	16	16
610190	18	21	610443	18	18	610821	14	14	611430	18	18
610210	0	25	610444	16	16	610822	16	16	611490	16	16
610220	18	18	610449	16	16	610829	14	14	611599	14	14
610230	18	18	610451	14	14	610831	14	14	611610	14	14
610290	20	20	610452	14	14	610832	16	16	611691	14	14
610322	20	20	610453	16	16	610839	14	14	611692	14	14
610323	0	25	610459	14	14	610891	14	14	611693	16	16
610329	0	25	610461	16	16	610892	16	16	611699	14	14
610331	16	16	610462	16	16	610899	14	14	611710	14	14
610332	16	16	610463	18	18	610910	14	14	611780	14	14

续表

产品编码	承诺关税	实际关税	产品编码	承诺关税	实际关税	产品编码	承诺关税	实际关税	产品编码	承诺关税	实际关税
611790	14	14	620341	16	16	620463	18	18	620990	14	14
620111	16	16	620342	16	16	620469	16	16	621010	16	16
620112	16	16	620343	18	18	620520	16	16	621020	16	16
620113	18	18	620349	16	16	620530	16	16	621030	16	16
620119	16	16	620411	18	18	620590	16	16	621040	16	16
620191	16	16	620412	18	18	620610	16	16	621050	16	16
620192	16	16	620413	18	18	620620	16	16	621111	16	16
620193	18	18	620419	18	18	620630	16	16	621112	16	16
620199	16	16	620421	18	18	620640	18	18	621120	16	18
620211	16	16	620422	18	18	620690	16	16	621132	16	16
620212	16	16	620423	20	20	620711	14	14	621133	18	18
620213	19	19	620429	20	17	620719	14	15	621139	16	16
620219	16	16	620431	16	16	620721	14	14	621142	16	16
620291	16	16	620432	16	16	620722	16	16	621143	18	18
620292	16	16	620433	18	18	620729	14	14	621149	16	16
620293	18	18	620439	16	16	620791	14	14	621210	14	15
620299	16	16	620441	16	16	620799	14	15	621220	16	15
620311	18	18	620442	16	16	620811	16	16	621230	14	15
620312	18	18	620443	18	18	620819	14	14	621290	14	15
620319	18	18	620444	16	16	620821	14	14	621320	14	14
620322	18	18	620449	16	16	620822	16	16	621390	14	14
620323	18	18	620451	14	14	620829	14	14	621410	14	14
620329	18	18	620452	14	14	620891	14	14	621420	14	14
620331	16	16	620453	16	16	620892	16	16	621430	16	16
620332	16	16	620459	14	14	620899	14	14	621440	14	14
620333	18	18	620461	16	16	620920	14	14	621490	14	14
620339	16	16	620462	16	16	620930	16	16	621510	14	14

续表

产品编码	承诺关税	实际关税	产品编码	承诺关税	实际关税	产品编码	承诺关税	实际关税	产品编码	承诺关税	实际关税
621520	16	16	630391	14	14	640192	0	24	650691	10	10
621590	14	14	630392	16	16	640199	0	24	650699	0	15
621600	14	14	630399	14	14	640212	10	10	650700	0	24
621710	14	14	630411	14	14	640219	0	24	660110	0	14
621790	14	14	630419	14	15	640220	0	24	660191	10	10
630110	16	16	630491	14	14	640291	0	24	660199	10	10
630120	16	16	630492	14	14	640299	0	24	660200	10	10
630130	16	16	630493	16	16	640312	0	24	660320	0	14
630140	18	18	630499	14	14	640319	15	15	660390	0	14
630190	16	16	630510	10	10	640320	0	24	670100	20	20
630210	14	14	630520	16	16	640340	0	24	670210	20	20
630221	14	14	630532	16	16	640351	10	10	670290	20	22
630222	16	16	630533	16	16	640359	10	10	670300	20	20
630229	14	14	630539	16	16	640391	10	10	670411	25	25
630231	14	14	630590	14	14	640399	10	10	670419	25	25
630232	16	16	630612	16	16	640411	0	24	670420	15	15
630239	14	14	630619	14	14	640419	0	24	670490	25	25
630240	14	14	630622	16	16	640420	0	24	680100	0	12
630251	14	14	630629	14	14	640510	0	24	680210	0	22
630253	16	15	630710	14	14	640520	0	22	680221	0	19
630259	14	14	630720	0	14	640590	15	15	680223	10	10
630260	14	14	630790	14	14	640610	15	15	680229	15	20
630291	14	14	630800	14	14	640620	15	15	680291	10	17
630293	16	16	630900	14	14	650100	0	22	680292	0	17
630299	14	14	631010	0	14	650200	20	20	680293	0	19
630312	16	16	631090	0	14	650400	20	20	680299	0	24
630319	14	14	640110	0	24	650610	10	10	680300	0	20

续表

产品编码	承诺关税	实际关税	产品编码	承诺关税	实际关税	产品编码	承诺关税	实际关税	产品编码	承诺关税	实际关税
680410	0	8	690100	0	8	700220	0	9	701190	0	15
680421	0	8	690210	0	8	700231	0	10	701310	0	25
680422	0	8	690220	0	8	700232	0	12	701391	10	10
680423	0	8	690290	0	8	700239	0	12	701399	10	10
680430	0	8	690310	0	8	700312	0	15	701400	0	14
680510	0	8	690320	0	8	700319	0	18	701510	0	19
680520	0	8	690390	0	8	700320	0	15	701590	0	16
680530	0	8	690410	15	15	700330	0	15	701610	0	22
680610	0	11	690490	0	25	700420	0	18	701690	18	21
680620	0	11	690510	0	25	700490	0	18	701710	0	0
680690	0	10	690590	0	25	700510	0	15	701720	0	8
680710	0	12	690600	15	15	700521	0	15	701790	0	8
680790	0	12	690911	0	8	700529	0	15	701810	10	10
680800	0	11	690912	0	8	700530	0	18	701820	0	20
680911	0	28	690919	0	8	700600	0	15	701890	0	20
680919	0	25	690990	0	21	700711	0	6	701911	0	12
680990	0	25	691010	10	10	700719	0	14	701912	0	12
681011	11	11	691090	10	10	700721	0	11	701919	10	10
681019	11	11	691110	12	14	700729	14	14	701931	5	5
681091	0	11	691190	25	25	700800	14	14	701932	0	14
681099	0	9	691200	15	15	700910	10	10	701939	11	11
681410	0	11	691310	15	15	700991	0	21	701940	0	12
681490	0	11	691390	15	15	700992	12	12	701951	0	12
681510	0	15	691410	25	25	701010	0	14	701952	0	12
681520	0	15	691490	10	10	701020	0	14	701959	0	12
681591	0	15	700100	0	12	701110	0	21	701990	7	7
681599	0	18	700210	0	12	701120	0	10	702000	15	13

产品编码	承诺关税	实际关税	产品编码	承诺关税	实际关税	产品编码	承诺关税	实际关税	产品编码	承诺关税	实际关税
710110	21	21	711021	0	0	720221	0	2	720711	0	2
710121	21	21	711029	0	3	720229	0	2	720712	0	2
710122	21	21	711031	0	0	720230	0	2	720719	0	2
710210	0	3	711039	0	3	720241	0	2	720720	0	2
710221	0	0	711041	0	0	720249	0	2	720810	0	5
710229	0	0	711049	0	3	720250	0	2	720825	0	5
710231	0	3	711100	0	3	720260	0	2	720826	0	5
710239	0	8	711311	20	20	720270	0	2	720827	0	5
710310	0	3	711319	35	30	720280	0	2	720836	0	6
710391	0	8	711320	35	35	720291	0	2	720837	0	5
710399	0	8	711411	35	35	720292	0	9	720838	0	5
710410	0	6	711419	35	35	720293	0	2	720839	0	3
710420	0	0	711420	35	35	720299	0	2	720840	0	6
710490	0	7	711510	0	3	720310	0	2	720851	0	6
710510	0	0	711590	0	19	720390	0	2	720852	0	6
710590	0	0	711610	35	35	720410	0	2	720853	0	6
710610	0	0	711620	35	35	720421	0	0	720854	0	6
710691	0	0	711711	35	35	720429	0	0	720890	0	6
710692	0	0	711719	17	17	720430	0	2	720915	0	6
710700	0	11	711790	35	35	720441	0	2	720916	0	6
710811	0	0	711810	0	0	720449	0	0	720917	3	3
710812	0	0	711890	0	0	720450	0	0	720918	0	6
710813	0	0	720110	0	1	720510	0	2	720925	0	6
710820	0	0	720120	0	1	720521	0	2	720926	0	6
710900	0	11	720150	0	1	720529	0	2	720927	0	6
711011	0	0	720211	0	2	720610	0	2	720928	0	6
711019	0	3	720219	0	2	720690	0	2	720990	0	6

续表

产品编码	承诺关税	实际关税	产品编码	承诺关税	实际关税	产品编码	承诺关税	实际关税	产品编码	承诺关税	实际关税
721011	0	10	721410	0	7	721911	4	4	722511	3	3
721012	5	5	721420	3	3	721912	4	4	722519	0	6
721020	4	4	721430	0	7	721913	4	4	722530	3	3
721030	0	8	721491	3	3	721914	4	4	722540	3	3
721041	0	8	721499	3	3	721921	10	10	722550	3	3
721049	4	4	721510	0	7	721922	10	10	722591	0	7
721050	0	8	721550	0	7	721923	10	10	722592	0	7
721061	0	8	721590	3	3	721924	10	10	722599	0	5
721069	0	8	721610	3	3	721931	10	10	722611	3	3
721070	4	4	721621	0	6	721932	10	10	722619	3	3
721090	0	8	721622	0	6	721933	10	10	722620	3	3
721113	0	6	721631	0	6	721934	10	10	722691	3	3
721114	0	6	721632	0	6	721935	10	10	722692	3	3
721119	0	6	721633	0	6	721990	10	10	722699	0	7
721123	0	6	721640	3	3	722011	0	10	722710	3	3
721129	0	6	721650	3	4	722012	0	10	722720	0	6
721190	0	6	721661	3	3	722020	10	10	722790	3	3
721210	5	5	721669	3	3	722090	10	10	722810	3	3
721220	0	8	721691	3	3	722100	0	10	722820	0	6
721230	0	8	721699	3	3	722211	10	10	722830	3	3
721240	4	4	721710	8	8	722219	10	10	722840	3	3
721250	0	8	721720	8	8	722220	10	10	722850	3	3
721260	0	8	721730	8	8	722230	10	10	722860	3	3
721310	3	3	721790	8	8	722240	0	10	722870	0	6
721320	3	3	721810	0	2	722300	0	10	722880	7	7
721391	5	5	721891	0	2	722410	0	2	722920	7	7
721399	5	5	721899	0	2	722490	0	2	722990	7	5

续表

产品编码	承诺关税	实际关税	产品编码	承诺关税	实际关税	产品编码	承诺关税	实际关税	产品编码	承诺关税	实际关税
730110	0	7	730719	0	8	731439	7	7	731990	0	10
730120	0	7	730721	0	8	731441	0	8	732010	0	9
730210	0	6	730722	0	8	731442	0	8	732020	0	8
730230	0	8	730723	0	8	731449	0	8	732090	0	9
730240	0	7	730729	0	8	731450	0	8	732111	15	15
730290	0	7	730791	0	7	731511	0	12	732112	0	21
730300	4	4	730792	4	4	731512	0	12	732181	0	23
730429	4	4	730793	0	7	731519	0	12	732182	0	21
730431	0	5	730799	4	4	731520	0	12	732190	0	12
730439	4	4	730810	0	8	731581	0	12	732211	0	21
730441	0	10	730820	8	8	731582	0	12	732219	0	21
730449	0	10	730830	10	10	731589	0	12	732290	0	20
730451	4	4	730840	8	8	731590	0	10	732310	14	14
730459	4	4	730890	4	4	731600	0	10	732391	0	20
730490	4	4	730900	11	11	731700	0	10	732392	0	20
730511	0	7	731010	11	11	731811	0	10	732393	12	12
730512	3	3	731021	0	18	731812	0	10	732394	0	20
730519	0	7	731029	0	18	731813	0	10	732399	0	20
730520	0	7	731100	0	13	731814	0	10	732410	0	18
730531	0	6	731210	4	4	731815	0	8	732421	10	10
730539	0	6	731290	4	4	731816	0	8	732429	0	30
730590	0	6	731300	7	7	731819	5	5	732490	25	25
730630	3	3	731412	0	12	731821	0	10	732510	7	14
730640	0	6	731414	0	12	731822	0	10	732591	0	11
730650	3	3	731419	7	7	731823	0	10	732599	0	15
730690	6	6	731420	7	7	731824	0	10	732611	0	11
730711	5	5	731431	7	7	731829	0	10	732619	0	15

续表

产品编码	承诺关税	实际关税	产品编码	承诺关税	实际关税	产品编码	承诺关税	实际关税	产品编码	承诺关税	实际关税
732620	0	14	740939	0	7	750400	0	4	760692	0	10
732690	8	10	740940	0	7	750511	0	6	760711	6	6
740200	0	2	740990	0	7	750512	0	6	760719	6	6
740311	0	2	741011	0	4	750521	0	6	760720	6	6
740312	0	2	741012	0	7	750522	0	6	760810	8	8
740313	0	2	741021	0	4	750610	0	6	760820	8	8
740319	0	2	741022	0	7	750620	0	6	760900	8	8
740321	0	1	741110	0	4	750711	0	6	761010	25	25
740322	0	1	741121	0	7	750712	0	6	761090	6	6
740329	0	1	741122	0	7	750720	0	6	761100	0	12
740400	0	2	741129	0	7	750810	0	6	761210	0	12
740500	0	4	741210	0	4	750890	6	5	761290	30	21
740610	0	5	741220	0	7	760110	0	5	761300	0	9
740620	0	5	741300	0	5	760120	0	7	761410	0	6
740710	0	4	741510	0	8	760200	2	2	761490	0	6
740721	0	7	741521	0	10	760310	0	6	761520	0	18
740729	0	7	741529	0	10	760320	0	7	761610	10	10
740811	0	4	741539	0	10	760410	5	5	761691	0	10
740819	0	4	741820	0	18	760421	5	5	761699	15	13
740821	0	7	741910	0	14	760429	5	5	780110	0	3
740822	0	8	741991	0	15	760511	0	8	780191	0	3
740829	0	7	741999	0	13	760519	0	8	780199	0	3
740911	0	4	750110	0	3	760521	0	8	780200	0	2
740919	0	4	750120	0	3	760529	0	8	780411	0	6
740921	0	7	750210	0	3	760611	6	6	780419	0	6
740929	0	7	750220	0	3	760612	6	6	780420	0	6
740931	0	7	750300	0	2	760691	6	6	780600	0	6

续表

产品编码	承诺关税	实际关税	产品编码	承诺关税	实际关税	产品编码	承诺关税	实际关税	产品编码	承诺关税	实际关税
790111	0	3	810890	0	8	820520	0	10	821191	0	18
790112	0	3	810990	0	8	820530	0	11	821192	12	12
790120	0	3	811100	0	6	820540	0	11	821193	0	18
790200	0	2	811219	0	8	820551	0	11	821194	0	14
790310	0	6	811299	0	6	820559	0	10	821195	0	12
790390	0	6	811300	0	8	820560	0	10	821210	12	12
790400	0	6	820110	0	8	820570	0	11	821220	0	14
790500	0	6	820130	0	8	820590	0	11	821290	0	12
790700	6	6	820140	0	8	820600	0	11	821300	12	12
800110	0	3	820150	0	8	820713	0	8	821410	12	12
800120	3	3	820160	0	8	820719	0	8	821420	0	18
800200	0	2	820190	0	8	820720	0	8	821490	0	18
800300	0	8	820210	0	8	820730	0	8	821510	0	18
800700	0	8	820220	0	8	820740	0	8	821520	0	18
810110	0	6	820231	0	8	820750	0	8	821591	0	18
810199	0	7	820239	0	8	820760	0	8	821599	0	18
810210	0	6	820240	0	8	820770	0	8	830110	0	14
810299	0	8	820291	0	8	820780	0	8	830120	10	10
810390	0	8	820299	0	9	820790	0	8	830130	0	14
810411	0	6	820310	0	11	820810	0	8	830140	0	14
810419	0	6	820320	0	11	820820	0	8	830150	0	14
810420	0	2	820330	0	11	820830	0	8	830160	0	12
810430	0	8	820340	0	11	820840	0	8	830170	0	10
810490	0	8	820411	0	11	820890	0	8	830210	10	10
810590	0	8	820412	0	10	820900	0	8	830220	12	12
810600	0	6	820420	0	10	821000	0	18	830230	10	10
810790	0	8	820510	0	10	821110	0	18	830241	0	14

产品编码	承诺关税	实际关税	产品编码	承诺关税	实际关税	产品编码	承诺关税	实际关税	产品编码	承诺关税	实际关税
830242	12	12	840130	0	2	840820	0	17	841330	3	3
830249	12	12	840140	0	1	840890	5	6	841340	8	8
830250	0	14	840211	0	9	840910	0	2	841350	10	10
830260	12	12	840212	5	5	840991	0	5	841360	10	10
830300	0	14	840219	5	5	840999	0	4	841370	8	9
830400	11	11	840220	0	16	841011	10	10	841381	8	8
830510	11	11	840290	0	2	841012	10	10	841382	8	8
830520	0	11	840310	10	10	841013	10	10	841391	0	5
830590	11	11	840390	6	6	841090	0	6	841392	0	6
830610	0	8	840410	10	9	841111	0	1	841410	8	8
830621	8	8	840420	0	14	841112	0	1	841420	0	8
830629	8	8	840490	0	9	841121	2	2	841430	9	10
830630	8	8	840510	0	14	841122	0	2	841440	8	8
830710	0	8	840590	0	8	841181	0	15	841451	10	13
830790	0	8	840610	5	5	841182	3	3	841459	8	9
830810	0	11	840681	0	5	841191	0	1	841460	10	10
830820	0	11	840682	5	5	841199	0	5	841480	7	7
830890	0	11	840690	0	2	841210	10	7	841490	0	9
830910	0	18	840710	0	2	841221	0	12	841510	15	15
830990	12	12	840721	8	8	841229	0	12	841520	20	20
831000	0	18	840729	8	8	841231	0	14	841581	20	18
831110	0	8	840731	10	10	841239	0	14	841582	20	18
831120	0	8	840732	10	10	841280	0	10	841583	10	10
831130	0	8	840733	10	10	841290	0	5	841590	10	10
831190	0	8	840734	10	10	841311	0	10	841610	0	10
840110	0	2	840790	0	15	841319	0	10	841620	0	11
840120	0	1	840810	0	5	841320	0	10	841630	8	8

产品编码	承诺关税	实际关税	产品编码	承诺关税	实际关税	产品编码	承诺关税	实际关税	产品编码	承诺关税	实际关税
841690	0	6	842010	8	8	842410	0	8	842832	5	5
841710	10	10	842091	0	8	842420	0	8	842833	5	5
841720	10	10	842099	0	8	842430	0	8	842839	5	5
841780	10	9	842111	8	8	842489	0	0	842840	5	5
841790	0	7	842112	0	13	842490	0	0	842860	8	8
841810	15	13	842119	0	10	842511	6	6	842890	5	6
841821	10	10	842121	5	12	842519	5	5	842911	7	7
841829	30	25	842122	12	12	842531	5	8	842919	7	7
841830	9	21	842123	10	10	842539	5	8	842920	5	5
841840	9	18	842129	5	5	842541	3	3	842930	5	4
841850	10	10	842131	10	10	842542	3	4	842940	6	7
841861	10	13	842139	5	6	842549	5	8	842951	5	5
841869	15	10	842191	0	0	842611	8	8	842952	8	8
841891	0	18	842199	5	8	842612	6	6	842959	8	8
841899	10	10	842211	10	10	842619	10	8	843010	10	10
841911	0	35	842219	14	14	842620	10	10	843020	0	10
841919	0	35	842220	10	10	842630	6	6	843031	10	10
841920	4	4	842230	12	11	842641	5	5	843039	6	6
841931	8	8	842240	10	10	842649	0	11	843041	0	5
841932	9	9	842290	11	9	842691	10	10	843049	5	5
841939	9	9	842310	11	11	842699	6	6	843050	5	5
841940	10	10	842320	10	8	842710	9	9	843061	6	6
841950	10	10	842330	11	11	842720	9	9	843069	6	6
841960	13	12	842381	11	9	842790	9	9	843110	0	3
841981	10	10	842382	11	11	842810	8	7	843120	0	6
841989	0	0	842389	10	10	842820	5	5	843131	0	3
841990	0	4	842390	0	10	842831	5	5	843139	0	5

续表

产品编码	承诺关税	实际关税	产品编码	承诺关税	实际关税	产品编码	承诺关税	实际关税	产品编码	承诺关税	实际关税
843141	0	6	843629	0	10	844190	0	8	844831	0	6
843142	0	6	843680	0	10	844230	9	5	844832	0	6
843143	0	4	843691	0	6	844240	0	4	844833	0	6
843149	0	5	843699	0	6	844250	7	4	844839	0	6
843210	5	5	843710	0	10	844311	10	10	844842	0	6
843221	5	5	843780	0	10	844312	12	12	844849	0	6
843229	4	4	843790	0	6	844319	10	10	844851	0	6
843280	7	6	843810	7	7	844400	0	10	844859	0	6
843290	0	4	843820	0	8	844511	0	10	844900	0	8
843311	6	6	843830	0	10	844512	0	10	845011	10	10
843319	6	6	843840	7	7	844513	0	10	845012	30	30
843320	4	4	843850	7	7	844519	0	10	845019	30	30
843330	5	5	843860	0	10	844520	0	10	845020	10	10
843340	5	5	843880	0	9	844530	0	10	845090	0	11
843351	0	8	843890	5	5	844540	0	10	845110	0	21
843352	0	8	843910	0	8	844590	0	10	845121	15	15
843353	0	8	843920	0	8	844610	0	8	845129	0	8
843359	8	8	843930	0	8	844621	0	11	845130	8	8
843360	5	5	843991	0	6	844629	0	10	845140	8	8
843390	0	4	843999	0	6	844630	0	8	845150	8	8
843410	0	10	844010	0	11	844711	0	8	845180	12	12
843420	6	6	844090	0	8	844712	0	8	845190	0	8
843490	0	5	844110	0	12	844720	0	8	845210	0	21
843510	0	10	844120	0	12	844790	0	8	845221	12	12
843590	0	6	844130	0	14	844811	0	8	845229	12	12
843610	7	7	844140	0	12	844819	0	8	845230	14	14
843621	5	5	844180	0	12	844820	0	6	845290	14	14

产品编码	承诺关税	实际关税	产品编码	承诺关税	实际关税	产品编码	承诺关税	实际关税	产品编码	承诺关税	实际关税
845310	0	8	845951	0	10	846330	10	10	846810	0	12
845320	0	8	845959	0	15	846390	10	10	846820	0	12
845380	0	8	845961	5	5	846410	0	0	846880	0	12
845390	0	8	845969	12	12	846420	0	0	846890	0	7
845410	8	8	845970	12	12	846490	0	0	847010	0	0
845420	8	8	846019	0	15	846510	10	10	847021	0	0
845430	0	12	846029	0	14	846591	10	10	847029	0	0
845490	0	8	846031	0	10	846592	10	10	847030	0	0
845510	0	12	846039	0	15	846593	10	10	847050	0	0
845521	0	15	846040	0	13	846594	10	10	847090	0	0
845522	0	13	846090	0	15	846595	10	10	847130	0	0
845530	0	8	846120	0	15	846596	10	10	847141	0	0
845590	0	8	846130	12	12	846599	10	10	847149	0	0
845620	10	10	846140	0	11	846610	0	7	847150	0	0
845630	10	10	846150	12	12	846620	0	7	847160	0	0
845710	0	10	846190	0	14	846630	0	7	847170	0	0
845720	0	8	846210	0	11	846691	0	0	847180	0	0
845730	5	5	846221	0	10	846692	0	6	847190	0	0
845811	0	10	846229	10	10	846693	0	0	847210	14	7
845819	12	12	846231	0	7	846694	0	6	847230	0	12
845891	5	5	846239	10	10	846711	8	8	847290	0	0
845899	12	12	846241	0	10	846719	8	8	847321	0	0
845910	0	15	846249	10	10	846781	8	8	847329	0	0
845921	0	10	846291	10	10	846789	8	8	847330	0	0
845929	0	15	846299	10	10	846791	0	6	847340	0	5
845931	0	10	846310	10	10	846792	0	6	847350	0	0
845939	10	10	846320	0	15	846799	0	8	847410	5	5

产品编码	承诺关税	实际关税	产品编码	承诺关税	实际关税	产品编码	承诺关税	实际关税	产品编码	承诺关税	实际关税
847420	5	5	847930	0	10	848250	0	8	850164	0	7
847431	7	7	847940	7	7	848280	0	8	850211	10	10
847432	7	7	847950	0	0	848291	0	8	850212	10	10
847439	5	5	847960	0	10	848299	0	6	850213	10	10
847480	5	5	847981	10	10	848310	0	6	850220	10	10
847490	0	5	847982	0	7	848320	0	6	850231	0	8
847510	0	8	847989	0	0	848330	0	6	850239	10	10
847521	0	8	847990	0	0	848340	0	8	850240	10	10
847529	0	10	848010	0	10	848350	0	8	850300	0	7
847590	0	8	848020	0	8	848360	0	8	850410	10	10
847621	14	14	848030	0	10	848390	0	8	850421	11	11
847629	15	15	848041	0	8	848410	0	8	850422	13	13
847681	14	14	848049	0	8	848420	0	8	850423	0	8
847689	15	15	848050	0	8	848490	0	8	850431	5	5
847690	10	10	848060	0	8	850110	9	14	850432	5	5
847710	0	0	848071	0	0	850120	0	12	850433	5	5
847720	5	5	848079	5	5	850131	0	12	850434	0	14
847730	5	5	848110	5	5	850132	10	10	850440	0	6
847740	5	5	848120	5	5	850133	5	5	850450	0	0
847751	5	5	848130	5	5	850134	12	12	850490	0	5
847759	5	5	848140	5	5	850140	0	12	850511	7	7
847780	5	5	848180	7	7	850151	5	5	850519	7	7
847790	0	0	848190	0	8	850152	10	10	850520	8	8
847810	5	5	848210	0	8	850153	12	12	850590	0	8
847890	0	10	848220	0	8	850161	5	5	850610	0	20
847910	8	8	848230	0	8	850162	0	12	850630	0	14
847920	0	10	848240	0	8	850163	12	12	850640	0	14

续表

产品编码	承诺关税	实际关税	产品编码	承诺关税	实际关税	产品编码	承诺关税	实际关税	产品编码	承诺关税	实际关税
850650	0	14	851240	10	10	851672	0	32	853080	0	8
850660	0	14	851290	0	8	851679	0	32	853090	0	8
850680	0	14	851310	18	16	851680	10	10	853110	10	10
850690	0	12	851390	0	14	851690	0	10	853120	0	0
850710	10	10	851410	0	0	851711	0	0	853180	15	11
850720	10	10	851420	0	0	851810	0	5	853190	0	0
850730	10	10	851430	0	0	851821	10	5	853210	0	0
850740	12	12	851440	10	10	851822	10	5	853221	0	0
850780	12	12	851490	0	0	851829	0	0	853222	0	0
850790	0	9	851511	10	10	851830	0	0	853223	0	0
850940	10	10	851519	10	10	851840	0	6	853224	0	0
850980	0	27	851521	10	10	851850	10	5	853225	0	0
850990	0	12	851529	10	10	851890	0	5	853229	0	0
851010	0	30	851531	10	10	852190	20	10	853230	0	0
851020	0	30	851539	10	10	852210	0	35	853290	0	0
851030	20	20	851580	8	8	852290	25	19	853310	0	0
851090	0	25	851590	6	6	852610	0	2	853321	0	0
851110	0	10	851610	10	10	852691	0	1	853329	0	0
851120	0	8	851621	0	35	852692	0	3	853331	0	0
851130	0	7	851629	10	10	852712	0	10	853339	0	0
851140	8	7	851631	10	10	852713	15	8	853340	0	0
851150	0	7	851632	0	35	852719	15	8	853390	0	0
851180	8	8	851633	0	35	852721	15	15	853400	0	0
851190	0	5	851640	0	35	852729	15	8	853510	0	14
851210	11	11	851650	15	15	852910	0	0	853521	0	14
851220	10	10	851660	15	15	852990	0	0	853529	10	10
851230	10	10	851671	0	32	853010	0	10	853530	10	10

续表

产品编码	承诺关税	实际关税	产品编码	承诺关税	实际关税	产品编码	承诺关税	实际关税	产品编码	承诺关税	实际关税
853540	0	18	854020	0	10	854470	0	0	860712	0	3
853590	10	10	854040	0	8	854511	0	8	860719	0	3
853610	0	10	854060	0	7	854519	0	11	860721	0	3
853620	0	9	854071	0	8	854520	0	11	860729	0	3
853630	0	6	854079	0	8	854590	0	11	860730	0	3
853641	0	10	854081	0	8	854610	0	11	860791	0	3
853649	0	10	854089	0	8	854620	0	9	860799	0	3
853650	0	0	854091	0	6	854690	0	10	860800	0	4
853661	0	10	854099	0	8	854710	0	8	860900	11	11
853669	0	0	854110	0	0	854720	0	8	870110	9	9
853690	0	0	854121	0	0	854790	0	9	870120	6	6
853710	0	6	854129	0	0	854810	0	8	870130	6	6
853720	8	8	854130	0	0	854890	0	12	870210	4	20
853810	0	5	854140	0	0	860110	0	3	870290	25	25
853890	0	7	854150	0	0	860120	0	3	870310	25	25
853910	10	10	854160	0	0	860210	0	3	870321	25	25
853921	0	9	854190	0	0	860290	0	3	870322	25	25
853922	0	8	854290	0	0	860310	0	3	870323	25	25
853929	0	9	854320	15	9	860390	0	3	870324	25	25
853931	0	8	854330	0	0	860400	0	5	870331	25	25
853932	0	8	854390	0	0	860500	0	5	870332	25	25
853939	0	8	854411	10	10	860610	0	5	870333	25	25
853941	0	8	854419	0	20	860630	0	5	870390	25	25
853949	0	8	854420	0	10	860691	0	5	870410	6	6
853990	0	8	854430	10	8	860692	0	5	870421	25	25
854011	12	12	854449	0	0	860699	0	5	870422	20	20
854012	0	15	854460	10	11	860711	0	3	870423	15	15

产品编码	承诺关税	实际关税	产品编码	承诺关税	实际关税	产品编码	承诺关税	实际关税	产品编码	承诺关税	实际关税
870431	25	25	871110	45	45	880220	0	5	900120	8	5
870432	20	20	871120	45	45	880230	4	4	900130	10	10
870490	0	25	871130	45	45	880240	0	3	900140	0	20
870510	0	12	871140	40	40	880260	0	2	900150	0	20
870520	0	12	871150	30	30	880310	0	1	900190	0	6
870530	0	3	871190	45	45	880320	0	1	900211	0	12
870540	15	15	871200	13	14	880330	0	1	900219	15	11
870590	12	11	871310	0	6	880390	0	0	900220	15	11
870600	10	13	871390	4	4	880400	0	2	900290	15	11
870710	10	10	871420	0	5	880510	0	2	900311	0	18
870790	10	10	871491	12	12	890110	0	7	900319	10	10
870810	10	10	871492	12	12	890120	0	8	900390	10	10
870821	10	10	871493	12	12	890130	0	9	900410	0	20
870829	10	10	871494	12	12	890190	0	8	900490	0	18
870840	10	9	871495	12	12	890200	0	8	900510	0	15
870850	0	9	871496	12	12	890310	0	10	900580	0	8
870870	0	9	871499	12	12	890391	0	8	900590	0	5
870880	10	10	871500	20	20	890392	11	11	900630	0	9
870891	10	10	871610	0	10	890399	10	10	900640	0	5
870892	10	10	871620	0	10	890400	0	9	900651	0	25
870893	10	9	871631	0	10	890510	0	3	900652	0	17
870894	0	9	871639	0	10	890520	0	6	900653	20	20
870899	25	14	871640	0	10	890590	0	6	900659	0	14
870911	10	10	871680	10	10	890710	0	8	900661	0	18
870919	11	11	871690	10	10	890790	0	8	900669	0	18
870990	0	8	880211	2	2	890800	0	3	900691	0	9
871000	15	15	880212	0	2	900110	5	5	900699	0	12

产品编码	承诺关税	实际关税	产品编码	承诺关税	实际关税	产品编码	承诺关税	实际关税	产品编码	承诺关税	实际关税
900720	0	14	901590	0	3	902190	4	3	902810	0	10
900791	0	8	901600	0	10	902212	0	4	902820	0	10
900792	0	8	901710	8	8	902213	0	2	902830	0	5
900890	0	12	901720	0	0	902214	0	3	902890	0	4
901010	8	16	901730	0	8	902219	0	3	902910	0	15
901050	14	7	901780	0	8	902221	0	2	902920	10	10
901060	14	9	901790	0	0	902229	0	4	902990	0	6
901090	0	0	901811	5	3	902230	0	1	903010	5	3
901110	0	0	901812	5	4	902290	0	5	903020	5	3
901120	0	0	901813	4	4	902300	7	4	903031	15	5
901180	0	5	901814	5	5	902410	7	5	903039	0	5
901190	0	0	901819	4	3	902480	5	4	903040	0	0
901210	0	0	901820	4	2	902490	0	4	903082	0	0
901290	0	0	901831	0	8	902511	4	4	903089	0	7
901310	0	8	901832	0	6	902519	0	6	903090	0	5
901320	0	4	901839	4	4	902580	0	11	903110	7	5
901380	5	9	901841	4	4	902590	8	5	903120	7	7
901390	0	5	901849	4	4	902610	0	0	903141	0	0
901410	0	1	901850	4	3	902620	0	0	903149	0	0
901420	0	1	901890	4	3	902680	0	0	903180	5	5
901480	0	1	901910	4	10	902690	0	0	903190	0	0
901490	0	1	901920	4	4	902710	7	5	903210	7	7
901510	0	6	902000	0	8	902720	0	0	903220	7	5
901520	0	6	902121	4	4	902730	0	0	903281	7	5
901530	0	9	902129	4	4	902750	0	0	903289	7	7
901540	0	6	902140	4	4	902780	0	0	903290	0	5
901580	0	3	902150	4	3	902790	0	0	903300	0	6

产品编码	承诺关税	实际关税	产品编码	承诺关税	实际关税	产品编码	承诺关税	实际关税	产品编码	承诺关税	实际关税
910111	11	11	910819	0	16	920710	0	30	940171	0	0
910119	15	16	910820	0	16	920790	0	30	940179	0	0
910121	11	11	910990	0	16	920810	0	22	940180	0	0
910129	15	15	911011	0	16	920890	0	22	940190	0	0
910191	15	15	911012	0	16	920930	0	18	940210	0	0
910199	0	20	911019	0	16	920991	0	18	940290	0	0
910211	13	13	911090	0	16	920992	0	18	940310	0	0
910212	0	23	911110	0	14	920994	0	18	940320	0	0
910219	15	15	911120	0	14	920999	0	18	940330	0	0
910221	11	11	911180	0	14	930200	0	13	940340	0	0
910229	15	15	911190	0	14	930310	0	13	940350	0	0
910291	15	15	911290	0	12	930320	0	13	940360	0	0
910299	0	20	911310	0	20	930330	0	13	940370	0	0
910310	0	23	911320	0	14	930390	0	13	940390	0	0
910390	0	20	911390	0	14	930400	0	13	940410	0	20
910400	10	10	911410	0	14	930510	0	13	940421	0	20
910511	0	23	911430	0	14	930621	0	13	940429	0	20
910519	0	20	911440	0	14	930629	0	13	940430	0	20
910521	0	23	911490	0	14	930630	0	13	940490	0	20
910529	0	20	920110	18	18	930690	0	13	940510	10	10
910591	0	13	920120	18	18	930700	0	13	940520	0	20
910599	16	16	920190	18	18	940110	0	0	940530	16	16
910610	16	16	920210	18	18	940120	10	10	940540	0	15
910690	16	16	920290	18	18	940130	0	0	940550	0	20
910700	12	12	920510	18	18	940140	0	0	940560	0	20
910811	0	16	920590	18	20	940161	0	0	940591	0	20
910812	0	16	920600	18	18	940169	0	0	940592	0	20

续表

产品编码	承诺关税	实际关税	产品编码	承诺关税	实际关税	产品编码	承诺关税	实际关税	产品编码	承诺关税	实际关税
940599	0	20	950669	0	12	960621	0	21	961220	0	25
950420	0	0	950670	0	14	960622	15	15	961310	0	25
950430	0	0	950691	0	12	960629	15	15	961320	0	25
950440	0	0	950699	0	12	960630	15	15	961380	0	25
950490	0	0	950710	0	21	960711	0	21	961390	0	25
950510	0	0	950720	0	21	960719	0	21	961511	18	18
950590	0	0	950730	0	21	960720	0	21	961519	18	18
950611	0	14	950790	0	21	960810	15	15	961590	18	18
950612	0	14	960110	20	20	960820	0	21	961610	18	18
950619	0	14	960190	20	20	960840	0	21	961620	18	18
950621	0	12	960200	0	18	960850	0	21	961700	18	22
950629	0	14	960310	0	25	960860	0	21	961800	0	21
950631	0	14	960321	0	25	960891	12	12	970110	0	13
950632	0	12	960329	15	15	960899	0	20	970190	0	14
950639	0	14	960330	20	23	960910	0	21	970200	0	12
950640	0	13	960340	0	22	960920	0	21	970300	0	12
950651	0	14	960350	0	14	960990	15	15	970400	0	11
950659	0	14	960390	0	18	961000	15	15	970500	0	0
950661	0	12	960500	15	15	961100	0	21	970600	0	0
950662	0	12	960610	0	21	961210	0	11			

资料来源：2018 年的关税数据来自 WTO，中国的承诺关税来自中国商务部。中国商务部提供的中国关税减让表是 HS8 位码，为了与 WTO 的关税数据进行对比，此处用简单平均的方式加总到 HS6 位码。

附表2　　　　　　　　　　　第五章中介效应模型回归结果

变量	（1） job	（2） educ	（3） job	（4） move	（5） job
change	0.014 ** （0.004）	0.018 ** （0.003）	0.016 ** （0.004）	0.077 ** （0.010）	0.014 ** （0.004）
mchange	0.072 （0.051）	0.159 ** （0.042）	0.112 ** （0.050）	0.090 （0.117）	0.068 （0.051）
educ	0.249 ** （0.002）			− 0.161 ** （0.004）	0.250 ** （0.002）
move					− 0.021 （0.018）
qytime					− 0.000 （0.000）
常数项	− 9.532 ** （0.319）	4.301 ** （0.264）	− 8.046 ** （0.311）	0.197 （0.725）	− 9.508 ** （0.320）
控制变量	是	是	是	是	是
城市固定效应	是	是	是	是	是
年份固定效应	是	是	是	是	是
观测值	528627	528627	528628	507516	528139
R^2	0.335	0.158	0.300	0.190	0.335

注： ** 代表5%显著性水平；括号里是标准误。

附表3　　　　　　第六章机制检验（Ⅰ）中介效应模型回归结果

变量	（1） sameeduc	（2） upeduc	（3） downeduc	（4） diff	（5） up	（6） down
change	− 0.328 （0.405）	0.139 （0.408）	0.870 （0.645）	0.115 （0.089）	− 0.401 （0.415）	− 0.266 （0.479）
mchange	0.239 （0.364）	0.046 （0.369）	− 0.994 * （0.585）	0.683 *** （0.190）	1.359 *** （0.388）	0.306 （0.444）
downeduc				− 0.533 *** （0.054）	− 0.457 *** （0.053）	− 0.017 （0.052）

变量	（1） sameeduc	（2） upeduc	（3） downeduc	（4） diff	（5） up	（6） down
常数项	4.249 （3.660）	-3.593 （3.676）	-5.632 （5.581）	-7.755*** （1.699）	-6.949* （3.687）	-1.866 （4.236）
控制变量	是	是	是	是	是	是
省份固定效应	是	是	是	是	是	是
观测值	8243	8243	8243	8208	8243	8243
R^2	0.039	0.144	0.329	0.190	0.113	0.083

注：*** 代表1%显著性水平，* 代表10%显著性水平；括号里是标准误。

附表4　　　　第六章机制检验（Ⅱ）中介效应模型回归结果

变量	（1） firstind	（2） secondind	（3） thirdind	（4） diff	（5） up	（6） down
change	-0.418*** （0.047）	-0.330*** （0.031）	0.748*** （0.024）	0.142*** （0.044）	-0.161*** （0.050）	-0.004 （0.055）
mchange	-2.361*** （0.267）	8.012*** （0.177）	-5.651*** （0.139）	0.247 （0.217）	1.030*** （0.251）	0.080 （0.284）
常数项	92.945*** （2.783）	-54.550*** （1.846）	61.606*** （1.447）	-3.996** （1.559）	-7.551*** （1.859）	-3.857* （2.118）
控制变量	是	是	是	是	是	是
省份固定效应	是	是	是	是	是	是
观测值	8243	8243	8243	8208	8243	8243
R^2	0.821	0.773	0.786	0.181	0.106	0.083

注：*** 代表1%显著性水平，** 代表5%显著性水平，* 代表10%显著性水平；括号里是标准误。

附表5　第六章机制检验（Ⅲ）中介效应模型回归结果（对高技能劳动力的需求）

变量	（1） jineng	（2） diff	（3） up	（4） down
change	-0.005*** （0.002）	0.084 （0.096）	-0.511 （0.430）	-0.258 （0.480）

续表

变量	(1) *jineng*	(2) *diff*	(3) *up*	(4) *down*
mchange	0.074 *** (0.011)	0.709 *** (0.199)	1.524 *** (0.403)	0.309 (0.445)
jineng		4.033 *** (0.183)	2.523 *** (0.089)	-0.583 *** (0.088)
常数项	-0.883 *** (0.106)	-6.736 *** (1.790)	-5.908 (3.830)	-2.202 (4.248)
控制变量	是	是	是	是
省份固定效应	是	是	是	是
观测值	8243	8208	8243	8243
R^2	0.129	0.262	0.195	0.089

注：*** 代表1%显著性水平；括号里是标准误。

附表6　　　第六章机制检验（Ⅲ）中介效应模型回归结果（人口迁移）

变量	(1) *qianyi*	(2) *diff*	(3) *up*
change	-3.658 *** (0.493)	0.088 (0.088)	-0.330 (0.415)
mchange	3.787 *** (0.421)	0.640 *** (0.189)	1.281 *** (0.388)
qianyi		0.260 *** (0.041)	0.128 *** (0.038)
常数项	19.034 *** (4.729)	-6.805 *** (1.700)	-7.233 ** (3.684)
控制变量	是	是	是
省份固定效应	是	是	是
观测值	8243	8208	8243
R^2	0.097	0.185	0.107

注：*** 代表1%显著性水平，** 代表5%显著性水平；括号里是标准误。

参 考 文 献

[1] 陈斌开，杨汝岱.土地供给、住房价格与中国城镇居民储蓄 [J].
经济研究，2013，48（1）：110-122.

[2] 陈昊，刘骞文.中国出口贸易的女性就业效应：基于筛选—匹配
模型的再检验 [J].经济评论，2014（1）：94-106，129.

[3] 陈继勇.中美贸易战的背景、原因、本质及中国对策 [J].武汉大
学学报（哲学社会科学版），2018，71（5）：72-81.

[4] 陈雯，苗双有.中间品贸易自由化与中国制造业企业生产技术选
择 [J].经济研究，2016，51（8）：72-85.

[5] 褚翠翠，孙旭.中国职业代际流动的趋势及子代教育的作用 [J].
劳动经济研究，2019，7（2）：122-139.

[6] 樊娜娜，李荣林.贸易自由化与企业性别就业差距——基于中国
微观企业数据的分析 [J].国际经贸探索，2017，33（9）：54-69.

[7] 郭丛斌，丁小浩.高等教育跨越职业代际效应的作用 [J].高等教
育研究，2004（4）：24-28.

[8] 郭丛斌，丁小浩.职业代际效应的劳动力市场分割与教育的作用
[J].经济科学，2004（3）：74-82.

[9] 郝大海，王卫东.理性化、市场转型与就业机会差异——中国城
镇居民工作获得的历时性分析（1949—2003）[J].中国社会科学，2009
（3）：140-151，207.

[10] 何冰，周申.贸易自由化与就业调整空间差异：中国地级市的经
验证据 [J].世界经济，2019，42（6）：119-142.

[11] 胡翠，纪斑，陈勇兵.贸易自由化与非正规就业——基于CHNS
数据的实证分析 [J].南开经济研究，2019（2）：3-24.

[12] 纪斑，梁琳．职业代际流动及其影响因素的性别差异 [J]．南开经济研究，2020（2）：25 - 48.

[13] 纪斑，潘煜，林发勤．贸易开放对代际间职业流动性的影响——基于中国加入 WTO 的分析 [J]．国际贸易问题，2020（9）：1 - 16.

[14] 蒋荷新．我国对外贸易就业效应的实证研究——以外资企业为例 [J]．国际贸易问题，2007（10）：30 - 34.

[15] 李冰晖，唐宜红．资本品贸易对我国性别就业与工资差距影响的实证研究 [J]．华侨大学学报（哲学社会科学版），2017（2）：75 - 88.

[16] 李春顶．新—新贸易理论文献综述 [J]．世界经济文汇，2010（1）：102 - 117.

[17] 李春玲．当代中国社会的声望分层——职业声望与社会经济地位指数测量 [J]．社会学研究，2005（2）：74 - 102，244.

[18] 李金昌，刘波，徐蔼婷．中国贸易开放的非正规就业效应研究 [J]．中国人口科学，2014（4）：35 - 45，126 - 127.

[19] 李娟，万璐．贸易自由化加剧就业市场波动了吗？——基于劳动需求弹性角度的实证检验 [J]．世界经济研究，2014（6）：35 - 42，88.

[20] 李路路，朱斌．当代中国的代际流动模公式及其变迁 [J]．中国社会科学，2015（5）：40 - 58，204.

[21] 李平，姜丽．贸易自由化、中间品进口与中国技术创新——1998—2012 年省级面板数据的实证研究 [J]．国际贸易问题，2015（7）：3 - 11，96.

[22] 李胜旗，毛其淋．关税政策不确定性如何影响就业与工资 [J]．世界经济，2018，41（6）：28 - 52.

[23] 李实，佐藤宏，史泰丽．中国收入差距变动分析：中国居民收入分配研究 [M]．北京：人民出版社，2013.

[24] 梁平，梁彭勇，黄金．我国对外贸易就业效应的区域差异分析——基于省级面板数据的检验 [J]．世界经济研究，2008（1）：48 - 52，85.

[25] 刘敬东．WTO 改革的必要性及其议题设计 [J]．国际经济评论，2019（1）：34 - 57，5.

[26] 刘庆林，黄震鳞．中间品贸易自由化对我国就业结构影响及其应

对策略 [J]. 山东社会科学, 2020 (1): 98 – 103.

[27] 刘睿雯, 徐舒, 张川川. 贸易开放、就业结构变迁与生产率增长 [J]. 中国工业经济, 2020 (6): 24 – 42.

[28] 刘政文, 马弘. 中间品贸易自由化、市场结构与企业成本加成 [J]. 经济评论, 2019 (6): 109 – 133.

[29] 刘志成, 刘斌. 贸易自由化、全要素生产率与就业——基于 2003—2007 年中国工业企业数据的研究 [J]. 南开经济研究, 2014 (1): 101 – 117.

[30] 卢盛峰, 陈思霞, 张东杰. 教育机会、人力资本积累与职业代际流动——基于岳父母/女婿配对数据的实证分析 [J]. 经济学动态, 2015 (2): 19 – 32.

[31] 鲁晓东, 连玉君. 中国工业企业全要素生产率估计: 1999—2007 [J]. 经济学 (季刊), 2012, 11 (2): 541 – 558.

[32] 陆文聪, 李元龙. 中国出口增长的就业效应: 基于 CGE 模型的分析 [J]. 国际贸易问题, 2011 (9): 14 – 24.

[33] 罗知. 贸易自由化对就业的影响——来自第三产业和个体私营企业的数据 [J]. 经济评论, 2011 (5): 79 – 85, 97.

[34] 吕越, 陆毅, 吴嵩博, 等. "一带一路"倡议的对外投资促进效应——基于 2005—2016 年中国企业绿地投资的双重差分检验 [J]. 经济研究, 2019, 54 (9): 187 – 202.

[35] 马光明, 刘春生. 中国贸易方式转型与制造业就业结构关联性研究 [J]. 财经研究, 2016, 42 (3): 109 – 121.

[36] 毛其淋, 盛斌. 贸易自由化与中国制造业企业出口行为: "入世"是否促进了出口参与? [J]. 经济学 (季刊), 2014, 13 (2): 647 – 674.

[37] 毛其淋, 许家云. 中间品贸易自由化、制度环境与生产率演化 [J]. 世界经济, 2015, 38 (9): 80 – 106.

[38] 毛其淋, 许家云. 中间品贸易自由化与制造业就业变动——来自中国加入 WTO 的微观证据 [J]. 经济研究, 2016, 51 (1): 69 – 83.

[39] 毛其淋, 许家云. 中间品贸易自由化提高了企业加成率吗? ——来自中国的证据 [J]. 经济学 (季刊), 2017, 16 (2): 485 – 524.

[40] 毛日昇. 出口、外商直接投资与中国制造业就业 [J]. 经济研究，2009，44 (11)：105 - 117.

[41] 牛蕊. 国际贸易对工资与就业的影响：中国工业部门的经济研究 [D]. 天津：南开大学，2009.

[42] 屈小博，高凌云，贾朋. 中国制造业就业动态研究 [J]. 中国工业经济，2016 (2)：83 - 97.

[43] 权家敏，强永昌. 贸易自由化对我国制造业企业就业影响的经验研究 [J]. 经济问题探索，2016 (12)：120 - 129.

[44] 邵敏，包群. 出口企业转型与企业的经营表现 [J]. 统计研究，2011，28 (10)：76 - 83.

[45] 史青，李平. 再议中国企业出口的就业效应 [J]. 财贸经济，2014 (10)：83 - 93.

[46] 史青，赵跃叶. 中国嵌入全球价值链的就业效应 [J]. 国际贸易问题，2020 (1)：94 - 109.

[47] 孙凤. 职业代际流动的对数线性模型 [J]. 统计研究，2006 (7)：61 - 65.

[48] 唐东波. 全球化对中国就业结构的影响 [J]. 世界经济，2011，34 (9)：95 - 117.

[49] 唐时达，刘瑶. 贸易自由化、劳动流动与就业结构调整 [J]. 世界经济研究，2012 (3)：58 - 62，88 - 89.

[50] 田巍，余淼杰. 中间品贸易自由化和企业研发：基于中国数据的经验分析 [J]. 世界经济，2014，37 (6)：90 - 112.

[51] 王备，钱学锋. 贸易自由化、生活成本与中国城市居民家庭消费福利 [J]. 世界经济，2020，43 (3)：69 - 92.

[52] 王卫东，白云丽，罗仁福，等. 教育对农村劳动力职业代际流动的影响 [J]. 经济经纬，2020，37 (5)：37 - 44.

[53] 王孝松，张忆濛，田思远. 贸易自由化与就业水平——基于结构模型的理论和实证研究 [J]. 武汉大学学报（哲学社会科学版），2020，73 (5)：106 - 122.

[54] 王学龙，袁易明. 中国社会代际流动性之变迁：趋势与原因 [J].

经济研究，2015，50（9）：58-71.

[55] 卫瑞，庄宗明. 生产国际化与中国就业波动：基于贸易自由化和外包视角 [J]. 世界经济，2015，38（1）：53-80.

[56] 魏浩，连慧君. 来自美国的进口竞争与中国制造业企业就业 [J]. 财经研究，2020，46（8）：4-18.

[57] 魏浩. 对外贸易、国内就业和中国的战略选择 [J]. 经济学家，2013（1）：67-76.

[58] 温忠麟，叶宝娟. 中介效应分析：方法和模型发展 [J]. 心理科学进展，2014，22（5）：731-745.

[59] 吴晓刚. 中国的户籍制度与代际职业流动 [J]. 社会学研究，2007（6）：38-65，242-243.

[60] 席艳乐，陈小鸿. 贸易自由化与中国性别就业差异 [J]. 现代财经（天津财经大学学报），2014，34（7）：80-91，102.

[61] 席艳乐，王开玉. 企业异质性、贸易自由化与就业变动——基于中国制造业企业的实证分析 [J]. 财贸研究，2015，26（1）：61-72.

[62] 席艳乐，于江曼，向鹏飞. 中间品、最终品贸易与中国性别就业差异的实证研究 [J]. 山西财经大学学报，2014，36（3）：55-66.

[63] 邢春冰. 中国农村非农就业机会的代际流动 [J]. 经济研究，2006（9）：103-116.

[64] 阳义南，连玉君. 中国社会代际流动性的动态解析——CGSS与CLDS混合横截面数据的经验证据 [J]. 管理世界，2015（4）：79-91.

[65] 杨碧云，张凌霜，易行健. 家庭服务性消费支出的决定因素——基于中国城镇住户调查数据的实证检验 [J]. 财贸经济，2014（6）：122-136.

[66] 杨沫，葛燕，王岩. 城镇化进程中农业转移人口家庭的代际职业流动性研究 [J]. 经济科学，2019（2）：117-128.

[67] 杨小凯，张永生. 新贸易理论、比较利益理论及其经验研究的新成果：文献综述 [J]. 经济学（季刊），2001（1）：19-44.

[68] 杨玉华. 工业品贸易对工业就业影响的实证分析 [J]. 财贸研究，2006（6）：36-43.

[69] 杨玉华. 我国农产品贸易对农村就业的影响 [J]. 河南科技大学

学报（社会科学版），2008（3）：73 – 76.

［70］杨中超. 教育扩招促进了代际流动？［J］. 社会，2016，36（6）：180 – 208.

［71］余淼杰，袁东. 贸易自由化、加工贸易与成本加成——来自我国制造业企业的证据［J］. 管理世界，2016（9）：33 – 43，54.

［72］俞会新，薛敬孝. 中国贸易自由化对工业就业的影响［J］. 世界经济，2002（10）：10 – 13.

［73］喻美辞. 南北贸易的技术进步效应与南北国家的就业变动［D］. 厦门：厦门大学，2009.

［74］张华初，李永杰. 论我国加工贸易的就业效应［J］. 财贸经济，2004（6）：87 – 89，97.

［75］张卫东，卜偲琦，彭旭辉. 互联网技能、信息优势与农民工非农就业［J］. 财经科学，2021（1）：118 – 132.

［76］张翼. 中国人社会地位的获得——阶级继承和代内流动［J］. 社会学研究，2004（4）：76 – 90.

［77］周闯，张世伟. 中国城镇居民的劳动供给行为——倒 S 型劳动供给曲线在中国城镇劳动力市场上的实证检验［J］. 财经科学，2009（11）：56 – 64.

［78］周申，何冰. 贸易自由化对中国非正规就业的地区效应及动态影响——基于微观数据的经验研究［J］. 国际贸易问题，2017（11）：13 – 24.

［79］周申. 贸易自由化对中国工业劳动需求弹性影响的经验研究［J］. 世界经济，2006（2）：31 – 40，95.

［80］周兴，张鹏. 代际间的职业流动与收入流动——来自中国城乡家庭的经验研究［J］. 经济学（季刊），2015，14（1）：351 – 372.

［81］朱晨. 职业代际继承与流动：基于中国人口普查数据的实证分析［J］. 劳动经济研究，2017，5（6）：87 – 106.

［82］朱金生，李蝶. 技术创新是实现环境保护与就业增长"双重红利"的有效途径吗？——基于中国34个工业细分行业中介效应模型的实证检验［J］. 中国软科学，2019（8）：1 – 13.

［83］祝树金，钟腾龙，李仁宇. 中间品贸易自由化与多产品出口企业

的产品加成率 ［J］. 中国工业经济, 2018 (1): 41 - 59.

［84］ Acemoglu D, Autor D, Dorn D, et al. Import Competition and the Great US Employment Sag of the 2000s ［J］. *Journal of Labor Economics*, 2016, 34 (S1): S141 - S198.

［85］ Ackerberg D A, Caves K, Frazer G. Identification Properties of Recent Production Function Estimators ［J］. *Econometrica*, 2015, 83 (6): 2411 - 2451.

［86］ Aghion P, Blundell R, Griffith R, et al. Entry and Productivity Growth: Evidence from Microlevel Panel Data ［J］. *Journal of the European Economic Association*, 2004, 2 (2 - 3): 265 - 276.

［87］ Aghion P, Blundell R, Griffith R, et al. The Effects of Entry on Incumbent Innovation and Productivity ［J］. *The Review of Economics and Statistics*, 2009, 91 (1): 20 - 32.

［88］ Ahsan R N, Chatterjee A. Trade Liberalization and Intergenerational Occupational Mobility in Urban India ［J］. *Journal of International Economics*, 2017 (109): 138 - 152.

［89］ Antras P. Firms, Contracts, and Trade Structure ［J］. *The Quarterly Journal of Economics*, 2003, 118 (4): 1375 - 1418.

［90］ Autor D H, Dorn D, Hanson G H. The China Syndrome: Local Labor Market Effects of Import Competition in the United States ［J］. *American Economic Review*, 2013, 103 (6): 2121 - 2168.

［91］ Baldwin R E, Forslid R. Trade Liberalization with Heterogeneous Firms ［J］. *Review of Development Economics*, 2010, 14 (2): 161 - 176.

［92］ Baldwin R, Okubo T. Agglomeration, Offshoring and Heterogenous Firms ［J］. *CEPR Discussion Papers*, 2006, 5663 (1): 1 - 23.

［93］ Baldwin R E, Okubo T. Heterogeneous Firms, Agglomeration and Economic Geography: Spatial Selection and Sorting ［J］. *Journal of Economic Geography*, 2006, 6 (3): 323 - 346.

［94］ Baldwin R E, Robert - Nicoud F. *The Impact of Trade on Intraindustry Reallocation and Aggregate Industry Productivity: A Comment* ［R］. National Bureau of Economic Research, 2004.

［95］ Bell B，Blundell J，Machin S. *Where is the Land of Hope and Glory? The Geography of Intergenerational Mobility in England and Wales* ［R］. Centre for Economic Performance，LSE，2018.

［96］ Bartik T J. *Who Benefits from State and Local Economic Development Policies?* ［M］. Kalamazoo：W. E. Upjohn Institute，1991.

［97］ Bartik T. How do the Effects of Local Growth on Employment Rates Vary with Initial Labor Market Conditions? ［J］. *Upjohn Institute Working Paper*，2006（1）：102 – 148.

［98］ Bean C R，Layard P R G，Nickell S J. *The Rise in Unemployment：A Multi-country Study* ［M］//*Economic Models of Trade Unions*. Dordrecht：Springer Netherlands，1986：279 – 303.

［99］ Bergstrand J H. The Heckscher – Ohlin – Samuelson Model，the Linder Hypothesis and the Determinants of Bilateral Intra-industry Trade ［J］. *The Economic Journal*，1990，100（403）：1216 – 1229.

［100］ Bernard A B，Eaton J，Jensen J B，et al. Plants and Productivity in International Trade ［J］. *American Economic Review*，2003，93（4）：1268 – 1290.

［101］ Bernard A B，Redding S J，Schott P K. Comparative Advantage and Heterogeneous Firms ［J］. *The Review of Economic Studies*，2007，74（1）：31 – 66.

［102］ Bond S，Söderbom M. *Adjustment Costs and the Identification of Cobb Douglas Production Functions* ［R］. IFS Working Papers，2005.

［103］ Brandt L，VanBiesebroeck J，Wang L，et al. WTO Accession and Performance of Chinese Manufacturing Firms ［J］. *American Economic Review*，2017，107（9）：2784 – 2820.

［104］ Burstein A，Vogel J. *Globalization，Technology，and the Skill Premium：A Quantitative Analysis* ［R］. National Bureau of Economic Research，2010.

［105］ Cai H，Chen H，Liu X. Offshoring and Employment Structure：Evidence from China ［J］. *Journal of Applied Economic Sciences*，2012，7（1）：35 – 47.

［106］ Cai H，Liu Q，Xiao G. Does Competition Encourage Unethical Behavior? The Case of Corporate Profit Hiding in China [J]. *Economic Journal*, 2009, 119 (4): 764 – 795.

[107] Caparros Ruiz A. The Impact of Education on Intergenerational Occupational Mobility in Spain [J]. *Journal of Vocational Behavior*, 2016 (92): 94 – 104.

[108] Yi C, Yi L, Pierce J R, et al. Does Trade Liberalization with China Influence U. S. Elections? [J]. *NBER Working Papers*, 2016.

[109] Chen B, Yu M, Yu Z. Measured Skill Premia and Input Trade Liberalization: Evidence from Chinese Firms [J]. *Journal of International Economics*, 2017 (109): 31 – 42.

[110] Costantini J A, Melitz M J. 4. *The Dynamics of Firm – Level Adjustment to Trade Liberalization* [M]//*The Organization of Firms in a Global Economy*. Cambridge, MA: Harvard University Press, 2008.

[111] Costinot A, Vogel J. Matching and Inequality in the World Economy [J]. *Journal of Political Economy*, 2010, 118 (4): 747 – 786.

[112] David H, Dorn D, Hanson G H. The China Syndrome: Local Labor Market Effects of Import Competition in the United States [J]. *American Economic Review*, 2013, 103 (6): 2121 – 2168.

[113] DeLoecker J, Goldberg P K, Khandelwal A K, et al. Prices, Markups, and Trade Reform [J]. *Econometrica*, 2016, 84 (2): 445 – 510.

[114] Deardorff A V. The General Validity of the Heckscher – Ohlin Theorem [J]. *The American Economic Review*, 1982, 72 (4): 683 – 694.

[115] Dix – Carneiro R, Kovak B K. Trade Liberalization and Regional Dynamics [J]. *American Economic Review*, 2017, 107 (10): 2908 – 2946.

[116] Dix – Carneiro R, Soares R R, Ulyssea G. Economic Shocks and Crime: Evidence from the Brazilian trade Liberalization [J]. *American Economic Journal: Applied Economics*, 2018, 10 (4): 158 – 195.

[117] Dollar D, Wolff E N, Wolff E N. *Competitiveness, Convergence, and International Specialization* [M]. Cambridge: Mit Press, 1993.

[118] Dutt P, Mitra D, Ranjan P. International Trade and Unemployment:

Theory and Cross-national Evidence [J]. *Journal of International Economics*, 2009, 78 (1): 32 −44.

[119] Emran M S, Shilpi F. Intergenerational Occupational Mobility in Rural Economy Evidence from Nepal and Vietnam [J]. *Journal of Human Resources*, 2011, 46 (2): 427 −458.

[120] Erten B, Leight J, Tregenna F. Trade Liberalization and Local Labor Market Adjustment in South Africa [J]. *Journal of International Economics*, 2019 (118): 448 −467.

[121] Faini R, Falzoni A M, Galeotti M, et al. Importing Jobs and Exporting Firms? On the Wage and Employment Implications of Italian Trade and Foreign Direct Investment Flows [J]. *Giornale degli Economisti*, 1999, 58 (1): 95 −135.

[122] Fan H, Lai E L C, Qi H S. Trade Liberalization and Firms' Export Performance in China: Theory and Evidence [J]. *Journal of Comparative Economics*, 2019, 47 (3): 640 −668.

[123] Fan H, Lin F, Lin S. The Hidden Cost of Trade Liberalization: Input Tariff Shocks and Worker Health in China [J]. *Journal of International Economics*, 2020 (126): 103349.

[124] Feenstra R C, Li Z, Yu M. Exports and Credit Constraints Under Incomplete Information: Theory and Evidence from China [J]. *Review of Economics and Statistics*, 2014, 96 (4): 729 −744.

[125] Feenstra R C, Ma H, Xu Y. US Exports and Employment [J]. *Journal of International Economics*, 2019 (120): 46 −58.

[126] Greenaway D, Hine R C, Wright P. An Empirical Assessment of the Impact of Trade on Employment in the United Kingdom [J]. *European Journal of Political Economy*, 1999, 15 (3): 485 −500.

[127] Grossman G M, Helpman E, Kircher P. Matching, Sorting, and the Distributional Effects of International Trade [J]. *Journal of Political Economy*, 2017, 125 (1): 224 −264.

[128] Haider S, Solon G. Life-cycle Variation in the Association Between

Current and Lifetime Earnings [J]. *American Economic Review*, 2006, 96 (4): 1308 – 1320.

[129] Hamermesh D S, Biddle J E. *Beauty and the Labor Market* [R]. National Bureau of Economic Research, 1993.

[130] Helpman E, Melitz M J, Yeaple S R. Export versus FDI with Heterogeneous Firms [J]. *American Economic Review*, 2004, 94 (1): 300 – 316.

[131] Helpman E, Itskhoki O, Redding S. Inequality and Unemployment in a Global Economy [J]. *Econometrica*, 2010, 78 (4): 1239 – 1283.

[132] Hoekman B, Winters L A. Trade and Employment: Stylized Facts and Research Findings [J]. *World Bank Policy Research Working Paper*, 2005, 36 (3): 1 – 36.

[133] Humphrey J, McCulloch N, Ota M. The Impact of European Market Changes on Employment in the Kenyan Horticulture Sector [J]. *Journal of International Development*, 2004, 16 (1): 63 – 80.

[134] Iversen V, Krishna A, Sen K. *Rags to Riches? Intergenerational Occupational Mobility in India* [R]. GDI, The University of Manchester, 2016.

[135] Jenkins R, Sen K. International Trade and Manufacturing Employment in the South: Four Country Case Studies [J]. *Oxford Development Studies*, 2006, 34 (3): 299 – 322.

[136] Jenkins R. Vietnam in the Global Economy: Trade, Employment and Poverty [J]. *Journal of International Development*, 2004, 16 (1): 13 – 28.

[137] Jones R W. Factor Proportions and the Heckscher – Ohlin Theorem [J]. *The Review of Economic Studies*, 1956, 24 (1): 1 – 10.

[138] Keller W. *International Trade, Foreign Direct Investment, and Technology Spillovers* [M]//*Handbook of the Economics of Innovation*. Amsterdam: North – Holland, 2010 (2): 793 – 829.

[139] Keynes J M. *The General Theory of Employment, Interest, and Money* [M]. New York: Springer, 2018.

[140] Keynes J M. The General Theory of Employment [J]. *The Quarterly Journal of Economics*, 1937, 51 (2): 209 – 223.

［141］Khandelwal A K，Schott P K，Wei S J. Trade Liberalization and Embedded Institutional Reform：Evidence from Chinese Exporters ［J］. *The American Economic Review*，2013，103（6）：2169 – 2195.

［142］Kien T N，Heo Y. Impacts of Trade Liberalization on Employment in Vietnam：a System Generalized Method of Moments Estimation ［J］. *The Developing Economies*，2009，47（1）：81 – 103.

［143］Kovak B K. Regional effects of trade reform：What is the Correct Measure of Liberalization？ ［J］. *American Economic Review*，2013，103（5）：1960 – 1976.

［144］Krueger A O. Alternative Trade Strategies and Employment in LDCs ［J］. *The American Economic Review*，1978，68（2）：270 – 274.

［145］Levinsohn J，Petrin A. Estimating Production Functions Using Inputs to Control for Unobservables ［J］. *The Review of Economic Studies*，2003，70（2）：317 – 341.

［146］Liu Q，Qiu L D，Zhan C. Trade Liberalization and Domestic Vertical Integration：Evidence from China ［J］. *Journal of International Economics*，2019（121）：103250.

［147］Lu Y，Yu L. Trade Liberalization and Markup Dispersion：Evidence from China's WTO accession ［J］. *American Economic Journal：Applied Economics*，2015，7（4）：221 – 253.

［148］Melitz M J. TheImpact of Trade on Intra-industry Reallocations and Aggregate Industry Productivity ［J］. *Econometrica*，2003，71（6）：1695 – 1725.

［149］Menezes – Filho N A，Muendler M A. *Labor Reallocation in Response to Trade Reform* ［R］. National Bureau of Economic Research，2011.

［150］Milner C，Wright P. Modelling Labour Market Adjustment to Trade Liberalisation in an Industrialising Economy ［J］. *The Economic Journal*，1998，108（447）：509 – 528.

［151］Minello A，Blossfeld H P. From Mother to daughter：Changes in Intergenerational Educational and Occupational Mobility in Germany ［J］. *International Studies in Sociology of Education*，2014，24（1）：65 – 84.

［152］ Mitra A. *Impact of Trade on Service Sector Employment in India* ［R］. Institute of Economic Growth, 2009.

［153］ Mouelhi R B A, Ghazali M. Impact of Trade Reforms in Tunisia on the Elasticity of Labour Demand ［J］. *International Economics*, 2013（134）: 78 – 96.

［154］ Mouelhi R B A. Impact of Trade Liberalization on Firm's Labour Demand by Skill: The Case of Tunisian Manufacturing ［J］. *Labour Economics*, 2007, 14（3）: 539 – 563.

［155］ Olley G S, Pakes A. *The Dynamics of Productivity in the Telecommunications Equipment Industry* ［R］. National Bureau of Economic Research, 1992.

［156］ Papyrakis E, Covarrubias A, Verschoor A. Gender and Trade Aspects of Labour Markets ［J］. *Journal of Development Studies*, 2012, 48（1）: 81 – 98.

［157］ Polat Ö, Uslu E E. Impact of International Trade on Employment in Manufacturing Industry of Turkey ［J］. *African Journal of Business Management*, 2011, 5（13）: 5127 – 5135.

［158］ Pradhan J P. How do Trade, Foreign Investment and Technology Affect Employment Patterns in Organized Indian Manufacturing? ［J］. *Indian Journal of Labour Economics*, 2006, 49（2）: 249 – 272.

［159］ Rodriguez – Lopez A, Yu M. *All – Around Trade Liberalization and Firm – Level Employment: Theory and Evidence from China* ［R］. CESifo Working Paper, 2017.

［160］ Rodrik D. Has Globalization Gone Too Far? ［J］. *Challenge*, 1998, 41（2）: 81 – 94.

［161］ Standing G. Global Feminization Through Flexible Labor: A Theme Revisited ［J］. *World Development*, 1999, 27（3）: 583 – 602.

［162］ Turrini A. *International Trade and Labour Market Performance: Major Findings and Open Questions* ［M］. New York: UNCTAD, 2002.

［163］ Tybout J R. Internal Returns to Scale as a Source of Comparative Advantage: the Evidence ［J］. *The American Economic Review*, 1993, 83（2）: 440 – 444.

［164］Tybout J R. Plant-and Firm-level Evidence on 'New' Trade Theories ［J］. *Handbook of International Trade*, 2003, 1 (1): 388 – 415.

［165］Wood A. North – South Trade and Female Labour in Manufacturing: An Asymmetry ［J］. *The Journal of Development Studies*, 1991, 27 (2): 168 – 189.

［166］Wu X, Treiman D J. Inequality and Equality Under Chinese Socialism: The Hukou System and Intergenerational Occupational Mobility ［J］. *American Journal of Sociology*, 2007, 113 (2): 415 – 445.

［167］Yeaple S R. A Simple Model of Firm Heterogeneity, International Trade, and Wages ［J］. *Journal of International Economics*, 2005, 65 (1): 1 – 20.

致　　谢

从美丽的南湖湖畔到浩瀚的东湖之滨，从下一站茶山刘到下一站街道口，从希贤岭到珞珈山，转眼间，我已经在武汉大学待了整整三年，从一个开着手机导航逛校园的科研小白，逐渐转变成一个轻车熟路的学术菜鸟。尚未赏尽校园的每一处美景，毕业却已悄然而至。读博就像是一场修行，三年来我有太多的人想要感谢，也有太多的情感想要倾诉。

首先，我要衷心感谢我的导师陈继勇教授，并向他致以最崇高的敬意和最深切的缅怀。陈老师学识渊博、治学严谨、为人谦和。他不仅在学术上给予我悉心指导，而且在日常生活中也给予我无私的帮助并教会我很多为人处世的道理。我永远忘不了陈老师手把手教我改论文的场景，正是在他的耐心指导和严格要求下，我才能发表人生中第一稿 C 刊论文。我很庆幸，能在博士阶段遇到这样一位有学识有责任心的好导师，并对未来的学术生涯充满了信心。然而，2020 年 10 月 25 日，陈老师因病去世。他在弥留之际，仍不忘关心我的资格论文、毕业论文开题和就业。他的离世，是整个学术界的巨大损失，而对于我个人而言，我失去了学术道路上的指路明灯和坚强后盾。在跟随陈老师的两年时间里，我甚至都还没学到陈老师渊博学识的一点皮毛，有太多的问题还没来得及向他请教，但是，这一切，只能是伴我一生的遗憾了。

其次，我要感谢我的第二任博导刘威教授。陈老师去世后，我陷入了无人指导的状态，而当时正值毕业论文开题。在我最困难的时候，刘老师及时伸出了援手，开始指导我的毕业论文。刘老师继承了陈老师严谨的治学风格。每一稿都会指出存在的不足并给出详细的修改意见。正是有了刘老师的悉心指导，我才能顺利完成毕业论文。此外，刘老师还帮助我制定未来的职业规划，有他的支持，我未来的职业生涯应该会好走很多。作为导师，他指引我在学术道路上摸索前行；作为师兄，他让我感觉到同门之间互帮互助的情义。

感谢世界经济系的郭汝飞老师，他的贸易与发展工作坊、应用微观计量经济学等课程令我受益匪浅。感谢习莉老师，她安排的助教岗位帮助我能够按时毕业，平时也会发给我一些就业和学术方面的信息。感谢世界经济系的张建清老师、齐绍洲老师、胡艺老师、余振老师、刘再起老师等传授我专业知识。感谢张彬老师、张天顶老师、陈虹老师以及各位外审专家、校外专家在毕业论文撰写过程中提出的宝贵建议。

感谢杨旭丹师姐，她不仅在学术和生活上给了我很大帮助，而且连我的毕业论文选题和开题报告也是在师姐的指点下完成的。在我求职过程中，师姐也无私地与我分享经验。感谢李知睿、王方、王保双、蒋艳萍、严义晨、刘燚爽、杨格等师兄弟姐妹在这三年中对我的帮助，给了我大家庭的温暖。

感谢"九一二"这艘友谊的小船（梁虎博士、陈果博士、吴乃迁博士、车德欣博士），在艰苦的读博生活中，遇到他们是一种幸运。感谢"虎神"（梁虎博士）三年来在学术上的指点和生活中的帮助与陪伴，从他身上我学到很多东西，未来希望能够保持这份兄弟情谊。感谢"果神"（陈果博士）在科研、生活中的帮助和在理财方面的指点，同样是选择进入高校，期待未来能够继续合作。作为我的技术顾问，感谢乃迁（吴乃迁博士）三年来为我提供技术支持，有困难找乃迁已经成为我的生活习惯。感谢"车总"（车德欣博士）的大餐，他丰富的社会阅历也帮助我开阔了眼界并加深了对现实社会的理解。感谢徐阳师兄，每一次和他交流都能有所收获。感谢中国地质大学的郑坤师弟和他的百度网盘会员。感谢叶云岭博士和傅清华博士在我找工作过程中给予的帮助。感谢武汉大学彭承亮博士、徐珍珍博士、封立涛博士、齐海燕博士、刘佩丝博士、袁亦宁博士等同学对我的帮助。感谢中南财经政法大学孔令乾师兄在论文选题和就业方面的指点。感谢我的硕士室友李名宽和胡波，让我能够在情绪低落时有地方倾诉。

感谢我的家人，让我在本该成家立业的年纪，能够继续深造，他们的支持让我完全没有后顾之忧。在毕业论文的撰写过程中，家人们给我提供了全方位的支持。其中，母亲负责后勤保障，父亲负责经济支持和精神鼓励，大姐负责作图和纠错，二姐充当了监工的角色，一天三遍催进度，正是在她的督促下，我才能如期完成毕业论文的撰写。当我遇到困难时，家人永远是我最信赖的依靠。他们为我付出了很多，如今随着学生时代的结束，终于可以开始回报家人了。同时，也要感谢亲戚们对我的关心和帮助。

随着博士毕业，我的学生时代正式结束，人生也步入新的阶段。希望未来的日子里，少一些负重前行，多一些云淡风轻。我将继续秉持我的座右铭，即使偶尔孤单，也要勇敢起航！

单　航

2021 年 5 月 15 日于武汉大学

后　记

党的二十大报告强调，推进高水平对外开放。依托我国超大规模市场优势，以国内大循环吸引全球资源要素，增强国内国际两个市场两种资源联动效应，提升贸易投资合作质量和水平。稳步扩大规则、规制、管理、标准等制度型开放。推动货物贸易优化升级，创新服务贸易发展机制，发展数字贸易，加快建设贸易强国。推动共建"一带一路"高质量发展。优化区域开放布局，巩固东部沿海地区开放先导地位，提高中西部和东北地区开放水平。加快建设西部陆海新通道。加快建设海南自由贸易港，实施自由贸易试验区提升战略，扩大面向全球的高标准自由贸易区网络。这些要求的提出，无一不体现党中央对于进一步提升贸易自由化水平的决心。

就业作为民生之本，直接关系到国家的经济社会稳定和中国式现代化的实现进程。中央提出实施就业优先战略，强化就业优先政策，健全就业促进机制，促进高质量充分就业。这一战略的实施，不仅需要国内大循环发挥主体作用，也需要国际循环作为补充，从而充分利用国内国际两种资源两个市场，扩大对劳动力的需求，创造更多就业岗位，稳住就业基本盘。本书从理论和实证两个方面，就贸易自由化如何影响就业展开深入探讨，并提出相应对策建议，以期为相关政策制定和实践部门提供决策参考和智力支持。

本书由博士论文修改而来，在保持原有框架和研究结论的基础上，对部分数据进行更新，对部分问题的分析进行了优化。在此过程中，感谢安徽大学创新发展战略研究院裴新程同学提供的帮助。

后　记

　　本书的出版得到各方面的支持，感谢安徽大学长三角一体化发展研究院（创新发展战略研究院）的支持，感谢安徽省科研编制计划项目（编号：2022AH050042）的支持，感谢经济科学出版社责任编辑刘丽老师为本书的编辑出版所做的辛苦工作！

　　本书尚存在诸多不足，敬请各位读者批评指正，我们将继续努力！

单　航
2024 年 1 月于安徽大学